Michael Leister

Ich breche aus!

Ich breche aus!

Wie Sie in 21 Tagen den Alltag durchbrechen und entdecken, was wirklich wichtig ist

Von Michael Leister

Haftungsausschluss:
Die Inhalte dieses Buches wurden sorgfältig und besten Gewissens recherchiert und zusammengetragen. Sie spiegeln die persönliche Meinung und Erfahrung des Autors wider. Der Autor übernimmt daher keine juristische Verantwortung oder Haftung für Schäden, die durch eventuelle Fehler oder nicht kompatible Lebensumstände entstehen. Trotz sorgfältigen Lektorats können Rechtschreib- und/oder Grammatikfehler vorhanden sein.

Ich breche aus! – Wie Sie in 21 Tagen den Alltag durchbrechen und entdecken, was wirklich wichtig ist.

Von Michael Leister

Auflage 2018

Herausgegeben von: Ata Medien Verlag, Aachen
info@ata-medien.de
www.ata-medien.de

Printed in Germany by Amazon Distribution GmbH, Leipzig

ISBN: 978-1512302875

Inhaltsverzeichnis

Vorwort

Herzlich willkommen zu „Ich breche aus!“

Dieses Buch wurde geschrieben, um Ihnen dabei zu helfen, in nur 21 Tagen, bzw. Schritten Ihren Alltag zu durchbrechen und bewusster zu leben. Die Lektüre dieses Buches kann und wird positive Ergebnisse in verschiedenen Bereichen Ihres Lebens bewirken, die Sie sich aussuchen. Was das Buch garantiert tun wird, kann ich Ihnen jetzt schon verraten: Es wird etwas verändern. Bevor wir jedoch etwas verändern und in das Buch einsteigen, würde ich gerne noch ein paar Fragen beantworten, die Sie sich nun womöglich stellen.

Welche Qualifikation hat der Autor?

Als Erfolgscoach und Autor von Bestsellern wie „Endlich selbstbewusst“ oder „Die Grundsätze des Glücks“, habe ich das Privileg, viele Menschen zu erreichen. Weiterhin bin ich der Betreiber des kostenlosen Blogs „Dein Fußabdruck“, welcher monatlich von tausenden Lesern besucht wird. Mit meinen Publikationen möchte ich keine persönliche Meinung verbreiten, sondern produktive Denkanstöße geben, die zu mehr Lebensqualität, Selbstbewusstsein und Zufriedenheit führen. Tausende zufriedene Leser bestätigen mich darin, dass freundschaftlicher Rat hilfreicher als psychologische Fachsprache sein kann.

Warum ist gerade dieser Ratgeber effektiv?

Es gibt viele gute Bücher, die Ihnen zu mehr Zufriedenheit, Selbstbewusstsein, Erfolg und Lebensqualität verhelfen. Ich habe bereits selbst solche Bücher veröffentlicht, die sich sehr großer Beliebtheit erfreuen. Aber mit diesem Buch möchte ich noch einen Schritt weiter und eine Ebene tiefer gehen: Was von all dem wollen wir eigentlich wirklich? Wie wichtig ist es uns, danach zu streben?

Unser Alltag setzt sich nicht aus unseren Vorlieben, sondern aus unseren Gewohnheiten zusammen. Und deswegen funktionieren wir mehr, als erfüllt zu leben. Wenn Sie einen objektiven Blick auf Ihren Alltag werfen, werden Sie mit Sicherheit schnell feststellen, dass Ihre Tagesabläufe reine Routine sind. Zeit für Abwechslung haben Sie höchstens am Wochenende. Wir haben gelernt, dass unsere Pflichten nicht mit Lebensfreude verbunden sind und dass wir erst einmal arbeiten müssen, um uns Freizeit und Genuss zu verdienen. Hier ziehe ich eine Grenze! Das Leben kann und soll Ihnen immer Freude bereiten. Genauso können Sie Ihren Alltag Ihren Vorlieben und wirklichen Wertvorstellungen anpassen, anstatt immer nur stupide Pflichten zu erfüllen und wie eine Maschine zu funktionieren. Aus diesem Grund habe ich ein Konzept für ein 21-tägiges Programm entwickelt, das genau dies in Ihrem Leben bewirken soll. Dieses Programm habe ich gemeinsam mit „Versuchspersonen“ konsequent getestet und durfte mich über durchweg positive Ergebnisse freuen. Nun möchte ich Sie an dieser Erfahrung teilhaben lassen.

Das Programm lässt sich in Ihren Alltag integrieren und ist auch mit Ihren Arbeitszeiten und regulären Verpflichtungen vereinbar.

Wie ist dieses Buch aufgebaut?

Nach dem Vorwort erhalten Sie Hinweise zur praktischen und effizienten Anwendung dieses Buches. Im Anschluss widme ich ein Kapitel unserem Alltag im Allgemeinen. Wir beleuchten gemeinsam, wie sich unser Alltag zusammensetzt und inwiefern er sich verändert hat.

Den Hauptteil des Buches bildet das 21-Tage-Programm. Jeder dieser 21 Tage steht unter einem bestimmten Motto. Sie werden erfahren, welches Motto es ist, weshalb es ausgerechnet dieses ist und zusätzlich erhalten Sie Vorschläge für praktische Übungen, die Ihnen dabei helfen werden, den jeweiligen Tag auch tatsächlich konsequent zu gestalten.

Nach dem 21-tägigen Programm werden wir uns damit beschäftigen, wie Sie Ihre Ergebnisse am besten zusammenfassen und welche Schlüsse Sie aus Ihren Erlebnissen ziehen können. Eine Auswertung des Erlebten wird es Ihnen ermöglichen, das, was Ihnen am besten gefallen hat, dauerhaft in Ihren Alltag zu integrieren. Ihr neuer Alltag wird sich von dort an Ihnen anpassen, im Gegensatz zu vorher.

Für wen ist dieses Buch geeignet?

Dieses Buch eignet sich für jeden Menschen, der gerne etwas in seinem Leben verändern möchte. Jeder, der nicht nur wie ein blinder Lemming dem Hauptstrom des Alltags folgen möchte, wird in diesem Buch Bestätigung und sehr viele produktive Anregungen finden.

Unsere Lebenszeit ist begrenzt und deshalb sollten wir uns darum bemühen, stets das Beste aus ihr zu machen. Mit Büchern wie diesem möchte ich meinen Beitrag dazu leisten und Ihnen Anregungen liefern, die Ihnen zu mehr Lebensqualität verhelfen.

Das 21-Tage-Programm ist keine Anleitung, der man blind folgen sollte, um dann Wunder zu erwarten. Wer sich erhofft, nach der bloßen Lektüre dieses Buches Durchbrüche zu erleben, wird vermutlich enttäuscht werden und sollte nicht weiterlesen. Das Buch ist dazu konzipiert, Sie zu inspirieren und erfordert Ihre konsequente Teilnahme. Außerdem: Wäre es so einfach, würde es Ihnen vermutlich auch keinen Spaß machen, oder?

Wenn Sie schon länger darüber nachdenken, etwas zu verändern, dann ist dies Ihre Chance!

Ich wünsche Ihnen viel Freude beim Lesen.

Ihr Michael Leister

Hinweise zur Anwendung des Buches

Dieses Buch soll für Sie mehr sein als nur ein einfaches Buch. Es ist Ihr Kompass, Ihr Reiseführer, der Ihnen den Weg aus dem Dschungel namens „Alltag" weist und Sie hinausführt. Hinaus an einen Ort, an dem Sie durchatmen und sich in Ruhe Gedanken darüber machen können, wie es weitergehen soll.

Deshalb sollten Sie dieses Buch mehr als nur lesen. Wenn Sie eine wirkliche Veränderung in Ihrem Leben erreichen möchten, benötigen Sie drei Dinge:

- Den ehrlichen Wunsch, etwas zu verändern.
- Die Konsequenz, Veränderungen auch tatsächlich durchzuziehen.
- Die Bereitschaft, mit diesem Buch zu arbeiten.

Um effektiv mit dem Buch arbeiten zu können, empfehle ich Ihnen, ein kleines Notizbuch anzulegen. Es muss nichts Großartiges sein. Die Hauptsache ist, dass Sie es mit sich führen können, um sich nur ab und zu eine Notiz zu machen, die später sehr kostbar für Sie sein wird. Es sollte nur niemand hineinsehen können. Was Sie in dieses Buch eintragen, sind Ihre persönlichen Beobachtungen und Gedanken, aber dazu später mehr.

Ich habe selbst sehr viele Bücher gelesen und immer wenn ich in einem solchen eine Aufforderung zum Mitarbeiten gefunden habe, habe ich mich dagegen gewehrt. Man versteht die Wichtigkeit dieser „Mitarbeit" wahrscheinlich erst dann wirklich, wenn man selbst am Zug ist, seine Leser zu motivieren. Deshalb möchte ich Ihnen das Notizbuch lediglich empfehlen. Es ist kein Muss, um mit diesem Buch Erfolge zu erzielen. Lassen Sie mich Ihnen dennoch sagen, dass es für Sie vorteilhaft sein kann und wird, wenn Sie Ihre Beobachtungen, Gedanken und Fortschritte notieren. Auf diese Weise werden Sie im Nachhinein erkennen, wie riesig die Schritte sind, die Sie gemacht haben.

Sollten Sie sich für das Notizbuch entscheiden, möchte ich Ihnen folgende Vorgehensweise empfehlen:

Schreiben Sie sich für jeden der folgenden 21 Tage das Tagesmotto als Überschrift auf. An jedem dieser Tage wird Ihr Verhalten anders sein als üblich. Es bietet sich daher an, dass Sie sich notieren, was Sie anders machen und wie Sie das empfinden. Die Notizen sind deshalb so wichtig, weil wir Menschen gerne mal etwas vergessen. Dazu gehören auch wichtige Details. Ihre Beobachtungen und Veränderungen, die Sie erleben werden, leben jedoch von den Details und deswegen soll so wenig wie möglich verloren gehen. Stellen Sie sich bei Ihren Beobachtungen Fragen wie:

- Fällt mir eine Veränderung auf?
- Empfinde ich die Veränderung als angenehm oder unangenehm?
- Könnte ich von dieser Veränderung in Zukunft profitieren?
- Wie reagieren meine Mitmenschen auf mein heutiges Verhalten?

Wenn Sie Ihre Erlebnisse mithilfe dieser Untersuchungsaspekte festhalten, wird Ihnen am Ende noch viel stärker auffallen, wie viel sich für Sie verändert hat und weiterhin ändert. Sie behalten im Blick, ob Sie auch wirklich etwas anders machen (damit Sie nicht am Ende nichts tun und sich fragen, warum sich nichts ändert) und bewerten, was Sie erleben. Am Ende des „Programms" werden Sie viel Abstand zu Ihrem alten Alltag gewonnen haben und große Vergleiche ziehen können.

Wenn Sie sich zutrauen, Ihre Erlebnisse auch ohne Notizbuch festhalten zu können, ist das auch gut. Bedenken Sie aber, dass ein Gedächtnis Lücken aufweisen kann, eine gut geführte Dokumentation jedoch nicht.

Bevor wir in das Thema einsteigen, möchte ich Sie noch auf die Gestaltung des Zeitplans aufmerksam machen. Sie müssen selbstverständlich nicht genau 21 Tage lang diesem Buch folgen, um Resultate zu erzielen. Alleine das Umdenken in andere Richtungen wird Bewegung in Ihren Alltag bringen. Aufgrund der 21 verschiedenen Tagesmottos bietet es sich einfach an, 3 Wochen lang Abstand von seinen Gewohnheiten zu nehmen und ganz bewusst durch den Tag zu gehen, während man verschiedene neue Einflüsse entdeckt. Wenn Ihnen ein Tagesmotto zum Beispiel besonders gut gefällt, können Sie es auch noch in Ihren nächsten Tag einbinden.

Seien Sie aufgeschlossen gegenüber neuen Vorschlägen und haben Sie keine Angst. Trauen Sie sich etwas zu und Ihr Gewinn an Selbstbewusstsein wird in Kombination mit den neuen Eindrücken wahre Wunder in Ihr Leben bringen.

Der größte Teil des 21-Tage-Programms lässt sich mit Ihrem Beruf und Ihren Verpflichtungen vereinbaren. An manchen Stellen ist jedoch Ihr Unternehmungsgeist gefragt und Sie möchten sich vielleicht ein bisschen mehr Zeit für die neuen Eindrücke nehmen. Richten Sie sich diese Zeit ein, wann es Ihnen am besten passt, aber bleiben Sie am Ball. Fühlen Sie sich einfach nicht daran „gebunden“, etwas 21 Tage lang durchziehen zu müssen. Sie können das tun und es wird gut sein. Sie müssen aber nicht. Wichtig ist nur, DASS Sie etwas verändern.

Nachdem wir nun alles geklärt und vorbereitet haben, können wir endlich loslegen und den ersten Schritt machen, damit auch Sie schon bald aus Ihrem Alltag ausbrechen!

Über den Alltag

Solange ein Mensch lebt, erlebt er durchgehend Veränderungen, sowohl biologisch als auch mental. Deshalb ist es nur logisch, dass sich auch die Welt um uns herum mit uns entwickelt. Sie hat nicht nur ihren eigenen Lebenszyklus, sondern wird auch von uns Menschen unseren aktuellen Interessen, Einstellungen und Erkenntnissen entsprechend angepasst. Die Vielfalt dieser unvorstellbar langen Entwicklung ist nicht in Worte zu fassen. Die Phasen der menschlichen Entwicklung sind immer unterschiedlich, aber das Prinzip ist immer dasselbe: Wir leben nach einem bestimmten Schema, das sich unserer gegenwärtigen Situation anpasst. Das Leben nach diesem Schema nennen wir „Alltag“. Es ist ein Verhaltensmuster, das unser Bestehen in dieser aktuellen Situation und die bestmögliche Anpassung gewährleisten soll.

Mit diesem Buch möchte ich hinterfragen, ob unser durchschnittlicher Alltag wirklich hilfreich für uns ist und ob wir tatsächlich keine Möglichkeit haben, unseren Alltag produktiver, zufriedener und qualitativer zu gestalten. Hierfür werfen wir gemeinsam einen Blick auf den Alltag unserer modernen Gesellschaft und seine Auswirkungen auf uns als individuellen Menschen. Das 21-tägige „Programm“ soll Ihnen Alternativen liefern, mit denen Sie Ihren Alltag optimieren und Ihren Bedürfnissen anpassen können.

Lassen Sie uns einen Blick in die Vergangenheit vor rund 40.000 Jahren werfen. Zu dieser Zeit lebten unsere ausgestorbenen Verwandten, die wir heute „Neandertaler“ nennen. Können Sie sich vorstellen, wie der Alltag dieser

Menschen ausgesehen hat? Wie die Welt um diese Menschen herum ausgesehen hat? Die meisten von uns würden das Leben der Neandertaler als „primitiv“ bezeichnen, da sie in der Wildnis und in Höhlen lebten, wahrscheinlich nicht mittels einer komplexen Sprache kommunizierten und in beinahe jeder erdenklichen Hinsicht weniger entwickelt waren als wir. Tatsächlich aber war der Alltag der Neandertaler, gemessen an den derzeitigen Umständen, unserem Alltag sehr ähnlich!

Die Neandertaler hatten das, was wir heute einen „Job“ nennen würden: Jagen, Werkzeuge herstellen, Nähen, Essen zubereiten, etc. Nach dem Erledigen ihrer Aufgaben hatten sie „Feierabend“ und haben gemeinsam gefeiert. Ihre höchsten Ziele waren das Überleben, die Fortpflanzung und die Weiterentwicklung ihrer Fertigkeiten. In den Grundzügen unterschied sich das alltägliche Leben unserer früheren Verwandten also kaum von unserem heutigen. Was sich verändert hat, ist alles, was eine 40.000-jährige Entwicklung mit sich gebracht hat.

Warum erzähle ich Ihnen das? Was hat der Alltag der Neandertaler mit Ihrem Alltag zu tun und inwiefern kann Ihnen das helfen? Ganz einfach: Ich möchte Ihnen anhand dieses wichtigen Beispiels zeigen, wie sehr der Alltag die Menschen verändern kann. Die Entwicklung und Veränderung des Alltags hat einen der wichtigsten Ur-Instinkte in uns verändert: Den Überlebensinstinkt.

Die Neandertaler jagten, um sich zu ernähren, bauten ihre Unterkünfte selbst, stellten ihre Werkzeuge selbst her, nähten ihre Kleidung selbst und verteidigten sich ständig gegen wilde Tiere und die Gefahren der Natur. All das mussten (!) sie tun, um ihr Überleben zu sichern. Auch nur einen dieser Punkte zu vernachlässigen, hätte zeitnah den Tod bedeutet. Nun frage ich Sie: Müssen Sie jemals etwas von diesen Dingen tun? Jagen Sie Ihr Essen selbst oder pflanzen Sie es selbst an? Und für den unwahrscheinlichen Fall, dass Sie jetzt nicken: Müssen Sie das tun, um zu überleben? Bauen Sie Ihre Unterkunft selbst oder haben Sie die Möglichkeit, eine bereits fertige Unterkunft zu kaufen oder zu mieten? Müssen Sie sich gegen wilde Tiere verteidigen oder besuchen Sie einen Zoo, um solche dort hinter Zäunen und Gittern zu beobachten?

Wir Menschen haben uns und unseren Alltag also so weit entwickelt, dass wir uns um all diese Dinge keine Sorgen mehr machen müssen. Unser Überleben ist auch dann noch gewährleistet, wenn wir die Punkte vernachlässigen, die ein Neandertaler auf keinen Fall vernachlässigen durfte. Es stellt sich nun die Frage: Heißt das, dass das Überleben für uns leichter geworden ist? Ist es heute weniger anstrengend und belastend, in der Welt zu bestehen?

Der Begriff „Überleben" hat sich radikal verändert. Unser Überleben ist nicht mehr so radikal, nicht mehr so direkt. Um zu „überleben", arbeiten wir heutzutage auf eine andere Weise. Wir arbeiten für Geld, mit dem wir kaufen können, was wir zum Überleben brauchen: Wasser, Nahrung, Unterkunft, medizinische Versorgung, etc. Haben wir kein Geld, haben wir auch keine Möglichkeit, all diese Dinge käuflich zu erwerben. Noch interessanter: Wir haben aber auch keine

Möglichkeit, unser Essen selbst zu jagen oder in der Wildnis zu (über)leben. Wir sind also an das moderne System gebunden, das der Mensch im Laufe seiner Entwicklung erschaffen hat. Ein interessanter Gedanke, oder?

Nun gibt es zwei Dinge, auf die ich Sie hinweisen möchte:

- Wenn die Veränderung der äußeren Umstände und des Alltags sogar die Ur-Instinkte eines Menschen beeinflussen kann, dann kann eine Veränderung Ihres Alltags auch Ihr ganzes Leben zum Positiven verbessern.
- Für unsere Vorfahren gab es nur einen einzigen Weg, um zu überleben. Wir modernen Menschen können uns frei aussuchen, wie wir leben möchten.

Während ein Neandertaler, wie bereits erwähnt, nur keine bis wenige verschiedene Optionen hatte, um sein Überleben zu sichern, können wir heutzutage alle möglichen Bereiche unseres Lebens frei wählen, da es ein System gibt, das unser Überleben gewährleistet. Wir entscheiden selbst, wie wir unsere Tage verbringen und was wir uns zur Aufgabe machen. Wir können unsere Aufgaben sogar phasenweise komplett vernachlässigen, ohne dass wir Konsequenzen befürchten müssen. Dies nennen wir dann „Urlaub“. Wir sind hoch entwickelt und haben nahezu grenzenlose Möglichkeiten, uns zu bilden, unterhalten und zu entwickeln. Sogar unsere Sexualität können wir uns aussuchen. Und obwohl wir theoretisch alle erdenklichen Freiheiten haben, unser Leben so zu gestalten, wie wir es gerne tun würden, leben wir doch meist auf einer einheitlichen Schiene, die uns unzufrieden macht und unseren Alltag ausmacht. Doch warum ist das so?

Ich behaupte, dass der Mensch die Welt um sich herum schneller entwickelt hat, als er sich selbst entwickeln konnte. Das Leben, das wir heutzutage leben, ist fortschrittlicher als wir selbst. Aus diesem Umstand ergibt sich, dass wir schlicht und einfach zu viele Möglichkeiten haben, unser Leben zu gestalten. Diese endlose Vielfalt an Entscheidungsmöglichkeiten löst in vielen von uns eine gewisse Hilf- und Orientierungslosigkeit aus. Dies lässt uns dazu neigen, dem Verhalten der Allgemeinheit zu folgen oder uns Vorbilder zu suchen, die ein in unseren Augen erstrebenswertes Leben führen. Den Fußspuren anderer zu folgen, gibt uns ein Gefühl der Sicherheit, da wir auf diese Weise vermeintlich nicht mehr unseren eigenen Weg finden müssen. Tatsächlich aber ist diese „Sicherheit" eine falsche Sicherheit. Sie ist fatal. Sie führt dazu, dass wir unser Selbstbewusstsein nach und nach verlieren, da die eigenen Interessen in den Hintergrund rücken. Der Allgemeinheit oder Vorbildern zu folgen, sorgt dafür, dass wir uns weniger mit uns selbst und unserer persönlichen Entwicklung beschäftigen. Viele Menschen folgen dem Beispiel ihrer „Vorbilder", ohne in Betracht zu ziehen, dass das Leben, das das „Vorbild" lebt, vielleicht für diese Person und auch für andere funktioniert, aber für die eigene Persönlichkeit völlig inkompatibel ist. Ein „Vorbild" muss nicht zwingend eine einzelne Person sein. Der Begriff kann in diesem Zusammenhang auch für ein allgemein gängiges Verhalten oder uns anerzogene Werte stehen. Das Resultat dieses vergeblichen Nachahmens ist dann schließlich

Unzufriedenheit. Man gibt sich Mühe, alles „richtig“ zu machen und dennoch fühlt man sich nicht glücklich damit. Man ist unausgeglichen und hat das Gefühl, nicht wirklich erfüllt zu sein. Wer sich intensiv bemüht und keine positiven Ergebnisse erzielt, fühlt sich früher oder später nur noch ratlos und emotional ausgebrannt, womit wir zu einem enorm wichtigen Stichwort kommen: Burnout.

Das „Burnout-Syndrom“ ist eine extreme emotionale Erschöpfung, die sich über lange Zeit hinweg anbahnt, ohne tatsächlich vom Betroffenen bemerkt zu werden. Der Begriff „Burnout“ beschreibt das Gefühl des Betroffenen, vollkommen „ausgebrannt“ zu sein. Wer diesen Zustand erleidet, ist depressiv, unglücklich, unmotiviert, leicht reizbar, nicht in der Lage zu arbeiten oder anderen Verpflichtungen nachzugehen und kapselt sich in vielen Fällen von seinen Mitmenschen ab. Sie erfahren gerade nicht zum ersten Mal vom Burnout-Syndrom, oder? Natürlich nicht, denn es ist eine beinahe schon „normale“ Begleiterscheinung unseres Alltags.

Einer Studie der Krankenkasse „BKK“ zufolge haben die Krankheitstage durch Burnout in Deutschland zwischen den Jahren 2004 und 2011 um 1800% zugenommen! Schätzungen zufolge leiden etwa 10% der deutschen Bevölkerung unter dem Burnout-Syndrom. Ein Zehntel der deutschen Bevölkerung! Ohne Aufklärung und präventive Maßnahmen wird diese Zahl weiterhin steigen.

Aber warum berichte ich Ihnen davon? Warum sind diese Daten so wichtig für dieses Buch und Ihren Ausbruch aus dem

Alltag? Die Antwort ist denkbar simpel: Weil die Flucht in die einheitliche Alltagsschiene für jeden von uns die Gefahr birgt, diese emotionale Erschöpfung zu erleiden.

Die häufigsten Ursachen für das Burnout-Syndrom sind: Überlastung, Überarbeitung, mangelndes Selbstbewusstsein, Perfektionismus oder zu großer Ehrgeiz, fehlender Stressausgleich und vor allem das Gefühl, trotz extrem harter Leistungen keine Erfolge zu erzielen. Kommt Ihnen das von vorhin bekannt vor? Es sind all die Dinge, die man tut, wenn man der Allgemeinheit folgt, anstatt seinen eigenen Weg zu gehen. Man gibt sein Selbstbewusstsein nach und nach auf, gibt sich größte Mühe damit, das Leben zu leben, das „man" halt lebt und möchte immer alles richtig machen. Ist man trotzdem nicht glücklich, versucht man es umso verbissener weiter, anstatt die Strategie zu wechseln. Dieser Prozess findet so lange statt, bis eine emotionale Erschöpfung erscheint. An diesem Punkt ist es meist zu spät, um durchzuatmen und somit alles wieder geradezubiegen. An diesem Punkt angelangt, braucht man eine längere Auszeit, um seine Balance wiederzufinden.

Unsere hoch entwickelte Zivilisation hat einen hohen Preis: Jeder von uns ist großem Stress ausgesetzt, denn diese fortschrittliche Welt muss fleißig bewirtschaftet werden. Das Leben ist insgesamt unentspannter, was für uns jedoch völlig „normal" ist. Haben Sie sich schon einmal Gedanken darüber gemacht, wie viel Negatives für uns heutzutage normal ist? Die meisten Menschen rechnen heute schon damit, im Rentenalter unter Armut zu leiden, finden es aber normal. Es sei halt nicht mehr zu ändern. Viele Menschen rechnen fest damit, selbst einmal unter einer psychischen Erkrankung wie dem Burnout-Syndrom zu leiden, nehmen es aber hin, da sie es unvermeidlich und normal finden. Beinahe jeder Mensch ist sich darüber im Klaren, dass wir unseren Planeten mit jedem Tag mehr zerstören und dass das nicht mehr lange gut gehen kann. Dennoch gibt es keinen Unterlass. Es herrscht die Meinung, dass der Bürger nichts tun muss, wenn die Regierung ohnehin nichts unternimmt. Die meisten Menschen sehen andere als besser als sich selbst an und finden sich mit dieser Rolle ab. Der Großteil der deutschen Bürger ist mit Arbeit und Arbeitgeber unzufrieden, beugt sich aber dennoch willenlos und erfüllt seine „Pflicht", denn schließlich geht es ja beinahe jedem so. Geld verdirbt angeblich den Charakter und dennoch geht jeder dafür arbeiten. Fast alle Menschen leiden insgeheim unter Ängsten, emotionalen Verwundungen und sogar Depressionen, aber finden sich mit ihnen ab, anstatt gegen sie zu kämpfen oder präventiv gegen sie vorzugehen. Schließlich macht das jeder so und die Welt funktioniert immer noch.

Ich könnte noch seitenlang auf diese Weise weiter verfahren, aber möchte hier einen Punkt machen. Es ist enorm wichtig zu erkennen, dass Negativität zur Gewohnheit und zum Alltag geworden ist. Es ist zum Alltag geworden, sein Selbstbewusstsein aufzugeben und Schutz in der Masse zu suchen. Es ist zum Alltag geworden, die negative Grundhaltung seiner Mitmenschen zu adaptieren und sich davon herunterziehen zu lassen. Wie soll es unter diesen Voraussetzungen noch möglich sein, selbstbewusst, zufrieden und glücklich zu leben?

Ich behaupte, dass es nicht möglich ist, solange man nicht eigenverantwortlich, selbstbewusst und somit individuell ausgeglichen lebt. Jeder Mensch ist anders und deswegen bin ich der festen Überzeugung, dass es keinen in Stein gemeißelten Lebensweg gibt, der für jeden gleichermaßen geeignet ist. Es ist unsere Aufgabe, herauszufinden, wie unser Leben für uns am schönsten ist. Das macht das ganze Abenteuer namens „Leben" erst aus! Wir haben sehr viele Möglichkeiten, herauszufinden, wie wir unser Leben individuell optimieren können und dieses Buch beschreibt eine von ihnen: Die Anpassung des Alltags an sich als einzigartige Persönlichkeit.

Die bisher von mir veröffentlichten Bücher haben sich überwiegend damit beschäftigt, die persönliche Entwicklung voranzubringen und haben einen sehr theoretischen Charakter, da die tragenden Elemente Denkanstöße, Erkenntnisse und Perspektivwechsel sind. Im Folgenden wird die Veränderung auf andere Art und Weise stattfinden. Da unser Alltag von unseren Gewohnheiten geprägt ist, müssen wir unsere Gewohnheiten beobachten und erkennen, welche von ihnen negativ, bzw. nicht förderlich sind. Diese „schlechten" Gewohnheiten werden durch bessere und für Sie zufriedenstellende Gewohnheiten ersetzt.

Gewohnheiten lassen sich nicht eliminieren und auch nicht allein durch Gedanken verändern. Sie lassen sich nur durch die praktische Anwendung neuer Gewohnheiten ersetzen.

Deshalb ist der Kern dieses Buches ein praktisch ausführbares Programm, das sich über 21 Tage, bzw. Schritte erstreckt. Der Vorteil daran ist, dass praktische Ausführungen wesentlich mehr Spaß machen als theoretische Gedankenarbeit. Lassen Sie uns deswegen endlich ins Handeln kommen und etwas zum Positiven verändern.

Sollten Sie sich für das Notizbuch entschieden haben, dann halten Sie es von nun an bei sich und erarbeiten Sie sich eine vollkommen neue Lebensqualität.

Das 21-Tage-Programm

Tag 1: Analyse

Sie können kein Auto reparieren, wenn Sie nicht wissen, wo es beschädigt ist und Sie decken kein Dach, wenn Sie die undichte Stelle noch nicht gefunden haben. Deshalb können Sie auch nicht Ihren Alltag verbessern, wenn Sie seine Schwachstellen nicht kennen.

Am ersten Tag wird es also Ihre Aufgabe sein, genaue Beobachtungen über sich inmitten Ihres Alltags zu machen. Ich möchte Ihnen empfehlen, Beobachtungen in verschiedenen Kategorien zu machen, welche ich nun in aller Ruhe erläutern werde. Auf diese Weise können Sie schnell erkennen, was bisher funktioniert und Ihnen gut tut und wo es Verbesserungspotenzial gibt. Seien Sie bei Ihren Beobachtungen vollkommen ehrlich zu sich selbst, damit Sie auch wirkliche Resultate erzielen können. Die Ergebnisse muss niemand außer Ihnen erfahren, also scheuen Sie sich nicht davor, sich genau unter die Lupe zu nehmen.

Zuerst sollten Sie darauf achten, was an Ihrem Tag alles automatisch abläuft und wobei Sie so routiniert sind, dass Sie diese Zeit gar nicht bewusst wahrnehmen. Das fängt beim Morgenritual an. Die meisten Menschen stehen auf, wenn der Wecker klingelt, gehen ins Bad, pflegen und duschen sich, bevor es schließlich zum Frühstück geht. Oft vergeht dabei eine ganze Stunde, die man ohne einen produktiven Gedanken an sich vorbeiziehen lässt, weil es einfach fester Bestandteil der alltäglichen Routine ist. Halten Sie Ausschau nach weiteren automatischen Abläufen, bei denen Sie wenig oder gar nicht nachdenken. Dazu gehören zum Beispiel der Weg zur Arbeit oder die Ausübung der Arbeit, wenn Sie einer körperlichen Tätigkeit nachgehen. Hinzu kommen Aktivitäten wie das Mittagessen, der Heimweg, die Erfüllung der Pflichten im Haushalt und weiteres. Notieren Sie, was Sie alles tun, während Sie sich auf „Autopilot" befinden. Dies ist die Zeit, die Sie an sich vorbeiziehen lassen, weil Sie nun einmal Ihre Pflichten erfüllen müssen und diese möglichst schnell und unauffällig erledigt haben wollen. Später können Sie anhand Ihrer Beobachtungen schätzen, wie viel Zeit das pro Tag ausmacht und wie viel Zeit Sie in einer Woche, einem Monat oder in einem Jahr automatisch an sich vorbeiziehen lassen, während Sie einfach „funktionieren". Sie werden überrascht sein.

Ein weiterer wichtiger Faktor, den Sie im Auge behalten sollten, ist das Verhältnis zwischen Ihnen und Ihren Mitmenschen. Was für ein Typ sind Sie? Sind Sie aufgeschlossen und kontaktfreudig oder eher ein Einzelgänger? Haben Sie viele Freunde oder eher gute Bekannte? Wie gehen Sie mit Ihren Arbeitskollegen um? Wie ist Ihre Beziehung zu Ihrer Familie? Was auch sehr wichtig ist: Wie tief, bzw. oberflächlich sind die Beziehungen zu diesen verschiedenen Menschen? Tauschen Sie sich auf einer intellektuell angeglichenen Ebene aus oder sehen Sie Differenzen zwischen sich und den jeweiligen Personen, die Ihnen gegenüberstehen? Ziehen Ihre Mitmenschen Sie eher runter, weil Sie sich unverstanden fühlen oder baut Sie der Kontakt zu Ihren Mitmenschen auf?

Wie sozial sind Sie? Wie gehen Sie mit fremden Menschen um? Haben Sie oft das Bedürfnis, zu helfen oder sind Sie der Meinung, bereits zur Genüge mit sich selbst beschäftigt zu sein?

Es kann gut sein, dass diese Flut an Fragen und Beobachtungskriterien Sie erschlägt, aber fühlen Sie sich bitte nicht überfordert. Im Grunde genommen ist die Sache sehr simpel und ich versichere Ihnen, dass Sie im Laufe des Buches und der folgenden Wochen ein viel besseres Verständnis für all das bekommen werden. Nur durch Übung kann man in einer Sache besser werden und so werden Sie auch lernen, sich und Ihre Gewohnheiten im Alltag leichter zu beobachten. Mit jedem gelesenen Abschnitt wird es für Sie mehr Sinn ergeben, sich diese Fragen zu stellen und Ihren Alltag zu untersuchen. Bleiben Sie deshalb am Ball und lernen Sie sich neu kennen, indem Sie sich aus der Perspektive eines Außenstehenden betrachten.

Eine weitere sehr wichtige Frage, die Sie sich stellen sollten, ist, ob Ihr Tag außergewöhnlich oder eher völlig regulär ist. Das heißt: Ist dieser erste Tag, den Sie unter die Lupe nehmen, ein Tag wie jeder andere auch? Machen Sie das, was Sie auch sonst immer tun oder haben Sie viel Abwechslung in Ihren Tagesabläufen? Wie bereits angesprochen, „funktionieren“ wir in manchen Dingen mehr als dass wir leben. Sollten Sie also merken, dass Ihr Analyse-Tag vom Ablauf her genauso ist wie die meisten anderen Tage auch, sollten Sie das festhalten.

Zuletzt möchte ich Ihnen noch empfehlen, eine Beobachtung einzurichten, die sich weit über diesen einen Tag hinaus erstreckt. Achten Sie darauf, wann Sie in Ihrem Alltag durch Ängste oder Unsicherheit an Grenzen stoßen. Gibt es vielleicht Momente, in denen Sie nicht „nein" sagen können und deshalb plötzlich etwas tun müssen, was Sie eigentlich gar nicht wollen? Kommt es vor, dass Sie zum Beispiel Unwohlsein empfinden, wenn Sie jemand um einen Gefallen bittet, weil Sie sich davor fürchten, Verantwortung zu übernehmen? Haben Sie gewisse Ängste oder Phobien, die Sie in Ihrem Alltag einschränken? Lassen Sie sich in Gesprächen von manchen Mitmenschen einschüchtern, weil Sie eine Auseinandersetzung fürchten?

Machen Sie sich eine entsprechende Notiz, wann immer Sie durch Ängste oder Unsicherheiten an eine Grenze stoßen. Sollten dabei ein paar Stichpunkte zusammenkommen, ist das kein Grund, sich Sorgen oder Vorwürfe zu machen. Es gibt keinen Menschen, der keine Angst hat! Lassen Sie sich nichts anderes erzählen. Es wäre schlimm, wenn Sie Ihre Ängste verleugnen würden, aber es ist ganz bestimmt nicht schlimm, sich ehrlich damit auseinanderzusetzen. Durch die Auflistung Ihrer Ängste und Unsicherheiten ergeben sich zwei große Vorteile:

- Man fürchtet nur das Unbekannte. Nun wissen Sie, woran Sie arbeiten müssen, um sich zu befreien.
- Wenn Sie später auf Ihre Auflistung zurückblicken, werden Sie Ihre Erfolge viel intensiver wahrnehmen und besonders stolz auf sich sein.

Lassen Sie die Aufgabenstellung des ersten Tages in Ruhe auf sich wirken. Legen Sie auch ruhig das Buch für einen Moment beiseite und machen Sie sich Gedanken darüber, ob Sie einige der Fragen jetzt schon beantworten können, ohne den Tag zu erleben und zu beobachten. Wichtig ist nur, dass Sie sich mit der Sache auseinandersetzen und Ergebnisse sammeln, die Sie später auswerten können.

Stellen Sie es sich wie bei einer Diät vor: Sie machen vor der Diät Fotos von sich, um später aus verschiedenen Gründen auf sich in der Ausgangsposition zurückblicken zu können. Sie werden einen Vorher-Nachher-Vergleich anstellen können und genau wissen, wie es in Ihrem Leben nicht mehr aussehen soll. Genauso verhält es sich, wenn Sie in Ihrem Alltag etwas verändern möchten. Sie beobachten Ihren Alltag genau und halten eine Momentaufnahme davon fest. Später werden Sie mit dieser Momentaufnahme arbeiten können und die Möglichkeit haben, Ihr alltägliches Leben immer weiter zu optimieren, ohne Rückschritte zu machen.

Der erste Tag des Programms erfordert ehrliche und aufwändige Observationsarbeit. Seien Sie sich diesen Aufwand wert, denn schließlich geht es um Ihr Leben und Ihre Zufriedenheit.

Tag 2: Komplettpflege

Ob Sie eines meiner Bücher oder meinen Blog lesen: Sie werden schnell feststellen, dass ich niemals müde davon werde, die Wichtigkeit der kompletten Pflege unserer Persönlichkeit zu betonen. Um Missverständnissen aus dem Weg zu gehen, stelle ich direkt klar, dass ich keineswegs an Ihrer Körperhygiene zweifle. Hier geht es um viel mehr als das bloße Waschen und Pflegen unseres Körpers.

Die meisten Menschen unterschätzen, welchen riesigen Einfluss ihr Selbstbild auf ihr Selbstbewusstsein hat. Selbstbewusst zu sein bedeutet, ein starkes Bewusstsein über sich selbst als Persönlichkeit zu haben und Selbstliebe, bzw. Selbstakzeptanz setzt voraus, dass man dieser Persönlichkeit zufrieden und im Einklang ist. Um dies gewährleisten zu können, sollte man jeden dazugehörigen Aspekt beachten und ernst nehmen.

Dass Sie sich für dieses Buch entschieden haben, bedeutet, dass Sie in naher Zukunft einiges vor sich haben. Aus diesem Grund brauchen Sie sich in Bestform. Sie werden nicht nur aufdecken, was in Ihrem Alltag kontraproduktiv für Sie ist, sondern auch direkt neue Gewohnheiten einführen, die Ihren Alltag und Ihre Lebensumstände verbessern werden. Diese Verbesserungen zum Positiven sollten Sie als eine Person machen, die mit sich zufrieden ist und bereit ist, diese wichtigen Schritte konsequent zu gehen.

Wenn Sie einen Menschen zum ersten Mal sehen, ist sein äußeres Erscheinungsbild maßgeblich daran beteiligt, wie Sie ihn wahrnehmen. Das ist bei einem Blick in den Spiegel nicht anders. Sorgen Sie also dafür, dass Sie den Anblick, der Sie im Spiegel erwartet, als angenehm empfinden. Machen Sie Tag 2 zu etwas, was man heutzutage einen klassischen „Beauty-Tag" nennen würde. Gehen Sie zum Friseur, zu einer Massage, einer Maniküre, einer Pediküre oder was auch immer Sie gerne mögen, um sich danach wohler und attraktiver zu fühlen. Gönnen Sie sich eine frische Rasur und zupfen Sie Ihre Augenbrauen. Tun Sie, was auch immer nötig ist, um Sie frisch und vital aussehen zu lassen. Tragen Sie Kleidung, die Sie gerne mögen und die Sie vorteilhaft aussehen lässt. Sollten Sie das Gefühl haben, gerade nicht das Passende zur Hand zu haben, dann nehmen Sie sich die Zeit und gehen Sie sich etwas kaufen, worin Sie sich besonders wohl fühlen. Ja, das mag vielleicht seltsam auf Sie wirken und bezogen auf das Thema dieses Buches unangebracht erscheinen, aber das ist es nicht. Sie sind der Mittelpunkt Ihres Universums und es kann sich nur etwas verändern, wenn Sie bereit sind, selbst etwas zu verändern. Sie müssen der Mensch sein, der sich selbst gerne annimmt und sich zutraut, seine Welt bewegen zu können. Erlangen Sie also mehr Selbstakzeptanz und somit das nötige Selbstvertrauen.

Tag 2 des Programms ist ein noch sehr entspannter Tag und Sie sollten diese Ruhe nutzen, um sich viel Zeit für sich nehmen. Pflegen Sie Ihr Äußeres, pflegen Sie automatisch auch Ihr Inneres.

Viele Menschen, die in ihrem Alltag unzufrieden sind, vernachlässigen ihre Pflege. Auch hier ist nicht zwingend die

Körperhygiene gemeint. Sie legen einfach keinen Wert darauf, attraktiv und ansprechend auszusehen. Weder für sich, noch für andere. Dies liegt daran, dass sie ein geringes Selbstwertgefühl und somit das Gefühl haben, nicht besonders oder liebenswürdig zu sein. Sie denken sich, dass es einfach keinen Sinn machen würde, für einen ansprechenden optischen Eindruck zu sorgen, was natürlich unsinnig ist. Alleine schon für uns selbst sollten wir immer das Beste aus uns herausholen, damit wir uns mit jedem Blick auf uns selbst glücklich machen. Das hat nichts mit Oberflächlichkeit, sondern mit Selbstliebe zu tun.

Mit diesem Tag im Zeichen der Pflege und Selbstakzeptanz treffen Sie eine wichtige Vorbereitung für das, was in den kommenden Tagen und Wochen auf Sie zukommen wird. Auch wenn Sie gerade vielleicht noch an der Effektivität dieser „Methode“ zweifeln, werden Sie nicht abstreiten können, dass Sie sich danach wohler und zufrieden fühlen. Für das, was Sie vorhaben, müssen Sie sich in Ihrer Haut so wohl wie möglich fühlen. Wenn Sie später Ihre Ergebnisse betrachten und die Ereignisse Revue passieren lassen, werden Sie erkennen, dass dieser Schritt eine wichtige Rolle in der Entwicklung Ihres Alltags gespielt hat. Sie werden diesen Schub an Selbstakzeptanz zu schätzen wissen und vielleicht sogar zur Gewohnheit in Ihrem neuen Alltag machen.

Tag 3: Tabula rasa

Wie Sie wissen, wird unser Alltag zu einem großen Teil von unseren Gewohnheiten bestimmt. Gewohnheiten sind aber nicht nur Taten, die wir tagtäglich ausüben, sondern auch Gedanken. Gedanken, die fest in unserem alltäglichen Denken verankert sind, werden „Glaubenssätze" genannt. Da die Gedanken frei sind, können wir alles Mögliche denken und für richtig halten. Das bedeutet also, dass nicht alles, was wir denken, richtig sein muss. So kommt es vor, dass einige Glaubenssätze zu unseren Gewohnheiten gehören, die nicht sonderlich produktiv sind und eine negative Grundhaltung verbreiten. Einfach ausgedrückt stören einige allgemein gültige Glaubenssätze uns dabei, glücklich zu sein.

Für den dritten Tag möchte ich Ihnen empfehlen, reinen Tisch („tabula rasa") mit den Glaubenssätzen zu machen, die Sie in Ihrem Leben einschränken und sich Gedanken über jene zu machen, die Ihnen langfristig weiterhelfen werden. Im Folgenden werde ich Ihnen Glaubenssätze aus beiden Kategorien vorstellen. Sie werden zwei Aufgaben haben:

Erkennen Sie, welche negativen Glaubenssätze in Ihrem Denken vorkommen und finden Sie mehr als die, die Sie hier lesen werden. Ersetzen Sie diese künftig durch positive Glaubenssätze.

Beobachten Sie in Ihrem Umfeld, ob Sie die Anwendung von negativen Glaubenssätzen durch Ihre Mitmenschen erkennen können. Sie werden überrascht sein, wie oft sie Ihnen begegnen werden.

Fangen wir mit den negativen Glaubenssätzen an. Selbstverständlich gibt es viel mehr von ihnen, als ich nun vorstellen werde, aber in diesem Buch geht es schließlich noch um zahlreiche andere Faktoren und ich möchte Sie dazu anregen, sich selbst Gedanken darüber zu machen, mit welchen „festgebrannten“ Gedanken Sie sich im Alltag einschränken. Einschränkende Glaubenssätze sind:

- Eigenlob stinkt.
- Geld verdirbt den Charakter.
- Nur harte Arbeit bringt Erfolg.
- Dafür bin ich zu alt.
- An allem gibt es einen Haken.
- Das ist halt so.
- Das kriege ich nie hin.
- Dafür ist später noch Zeit.
- Erst die Arbeit, dann das Vergnügen.
- Das bringt doch alles nichts.
- Heute ist einfach nicht mein Tag.
- Die anderen machen das auch so, dann sollte ich das auch.
- Ich habe einfach kein Selbstbewusstsein.
- Lernen muss man nur in der Schule.
- Das wird mir niemals etwas bringen.
- Mir klebt das Pech an den Schuhen.
- Ich habe selbst wenig, also kann ich auch nichts verschenken.
- Das Leben ist ein Kampf.
- Das Leben ist ungerecht.

- Männer weinen nicht.
- Wer hoch hinaus will, fällt tief.

Sie sehen, worauf das hinausläuft. Es sind all die weit verbreiteten Gedanken, die wir alle schon einmal gedacht haben oder auch manchmal noch denken, die uns aber in Wirklichkeit einschränken und somit unglücklich machen. Seien Sie ehrlich zu sich selbst und erkennen Sie die Glaubenssätze, die sich auch in Ihrem Denken wiederfinden lassen. Finden Sie auch weitere und nehmen Sie sich vor, diese künftig durch positivere zu ersetzen. Tun Sie es auch über diesen Tag hinaus. Immer wenn Sie sich dabei erwischen, sich im Denken einzuschränken, sollten Sie sich darauf hinweisen. Nur so können Sie bessere Gewohnheiten einpflegen. Wenn Sie auch nur diesen einen Tag lang bewusst darauf achten, ob Ihre Mitmenschen negative Glaubenssätze ausleben, werden Sie schnell feststellen, wie verbreitet sie sind. Das kann ich von hier aus sagen, ohne Ihr Umfeld zu kennen.

Als positive Glaubenssätze möchte ich nur ein paar sehr starke Wahrheiten aufführen, die Ihnen und Ihren Gedanken viel Macht geben können. Es sind Glaubenssätze, die jegliche Schranken auflösen und klarmachen, dass Ihnen keinerlei Grenzen gesetzt sind, egal unter welchen äußeren Umständen Sie auch gerade leiden mögen. Diese sind:

- Das Leben ist unpersönlich. Gerechtigkeit ist etwas, das die Menschen erschaffen haben.
- Es gibt keine Opferrolle, da Sie selbst für Ihr Leben verantwortlich sind.
- Ihnen sind keine Grenzen bei der Gestaltung Ihres Lebens gesetzt. Die einzigen Hürden existieren in Ihrem Denken.
- Positives Denken ist nur die halbe Miete. Sie müssen auch entsprechend handeln, um etwas zu verändern.
- Die Vergangenheit liegt hinter Ihnen. Sie leben im Hier und Jetzt und können ohnehin nicht zurück.
- Seinen Körper in der Gegenwart zu haben, reicht nicht aus. Nur wer auch geistig anwesend ist, bekommt sein Leben mit.
- Zeit ist kostbarer als Geld. Sie sollten das Beste aus ihr machen, bevor es im wahrsten Sinne zu spät ist.

Auch hier fordere ich Sie dazu auf, weitere positive Glaubenssätze zu finden. Diese Gedanken sind nicht nur produktiv, sondern wahr. Sie sind in der Lage, jeden negativen und einschränkenden Glaubenssatz zu eliminieren und zu überschreiben. Es erscheint uns oft einfacher, der Allgemeinheit zu folgen und nicht an uns als individuellen und freien Menschen zu glauben. Tatsächlich aber ist es einfacher, selbst die Verantwortung für sich zu übernehmen. Machen Sie also tabula rasa mit all den Gewohnheiten in Ihrem Denken, die Sie einschränken. Freiheit in Ihrem Kopf bedeutet Freiheit in Ihrem gesamten Leben.

Wenn Sie sich heute Notizen darüber machen, welche negativen Glaubenssätze Sie in Ihrem Denken wiederfinden konnten, werden Sie später darauf zurückblicken können und Ihre Fortschritte voller Stolz erkennen. Nehmen Sie sich also diesen Tag Zeit, um nach fest verankerten Glaubenssätzen bei Ihnen und Ihren Mitmenschen zu suchen. Sie werden Ihr Denken nicht innerhalb eines Tages umstellen können, aber Sie können eine Erkenntnis erlangen. Die Erkenntnis ist der erste und meiner Meinung nach wichtigste Schritt, um langfristige Veränderungen zu erzielen, anstatt nur kurzfristig motiviert zu sein und nach ein paar Tagen wieder alles fallen zu lassen. Sie können das! Und nun gehen Sie aufgeklärter und motivierter weiter in Richtung Ihres neuen Alltags.

Tag 4: Digitale Auszeit

Wir leben im Informationszeitalter. Moderne Technik und das Internet sind mittlerweile nicht mehr aus unserem Alltag wegzudenken. Oder vielleicht doch? Um in der heutigen Welt zu bestehen, ist es unverzichtbar, mit den verschiedenen technischen Medien zu arbeiten. Die Welt um uns herum ist so vielseitig und umfangreich geworden, dass die Technik uns dabei hilft, sie zu „verwalten“. Dennoch bin ich der Meinung, dass die ständige Erreichbarkeit und die niemals endenden Fluten an Informationen uns nicht gut tun. Es gab einmal eine Zeit, in der wir ohne all das ausgekommen sind. Und tatsächlich lässt sich belegen, dass wir Menschen zu dieser Zeit weniger gestresst und zufriedener waren (Stichwort: „Burnout“). Als Mobiltelefone und das Internet unseren Alltag noch nicht bestimmt haben, waren wir miteinander sozialer. Wir haben größeren Wert darauf gelegt, uns regelmäßig zu sehen und ernsthafte Themen von Angesicht zu Angesicht zu besprechen. Heute sieht das anders aus.

Gehen Sie in ein beliebiges Café und Sie werden auf Anhieb zahlreiche Menschen sehen, die sich zwar gegenüber sitzen, aber sich überhaupt nicht miteinander unterhalten, weil sie mit ihren Smartphones beschäftigt sind. Vor 10 Jahren noch wäre das ein Unding gewesen! Romantische Beziehungen werden per SMS oder „WhatsApp“ aufgelöst und auf dieselbe Weise werden auch neue geschlossen. Statt sich zu treffen und gemeinsam etwas zu erleben, telefoniert man einfach eine

Stunde und bleibt dabei gemütlich zu Hause. Die Folge dieses Verhaltens: Wir werden einsamer und unsozialer.

Heutzutage kann man alles jederzeit wissen. Das hat zwar viele Vorteile, aber tut uns nicht immer gut. Die Möglichkeit, alles schnell per Telefon, Tablet oder Computer recherchieren zu können, setzt uns riesigen Informationsfluten aus. Viele Wissenschaftler sind sich einig, dass der Mensch sich in seiner Evolution nicht so schnell entwickeln kann wie die Technik um ihn herum und dass er deswegen von ihr überfordert wird. Dieses „Problem“ wird sich erweitern, da die Technik ein exponentielles Wachstum erlebt, während wir uns „normal“ weiterentwickeln.

Weiterhin haben die Medien einen großen Einfluss auf uns. Ich behaupte, dass TV, Radio, Internetportale und Co. keinen objektiven Journalismus, sondern Meinungsbildung betreiben und die Ansichten und das Verhalten ihrer Konsumenten somit steuern. Achten Sie bei den Abendnachrichten einmal darauf, ob sie Berichterstattungen oder Beurteilungen sehen. Sie werden erstaunt sein. Zusätzlich verbreiten die Medien eine negative Grundstimmung. Ständig ist die Rede von politischen Problemen, Krisen, Katastrophen, Notständen, etc. Oft werden „Krisen“ vorhergesehen und aufgebauscht, die sich später als Lappalien erweisen. Gibt es dann tatsächlich ein Unglück, wird es von den Medien bis ins kleinste Detail ausgeschlachtet. Dieses permanente Verbreiten von negativen Eindrücken zieht nicht spurlos an uns vorbei. Es löst Sorgen, Ängste und Pessimismus in uns aus.

Zuletzt möchte ich noch auf die ständige Erreichbarkeit eingehen, die wir gewährleisten müssen, um ein funktionierendes Berufs- und Sozialleben zu haben. Aufgrund des mangelnden persönlichen Kontakts haben unsere Telefone einen höheren Stellenwert erlangt. Wir haben also weniger Ruhe, wenn wir uns in unseren privaten Räumlichkeiten befinden und können schlechter abschalten. Schlimmer ist es für jene, die einer Bürotätigkeit nachgehen. Das E-Mail Postfach quillt bereits während der Arbeitszeiten über und auch nach Feierabend herrscht noch digitaler Schriftverkehr. „Feierabend" sieht anders aus.

Im Grunde genommen ist all dies Reizüberflutung und Ablenkung. Für Tag 4 möchte ich Ihnen also eine komplette digitale Auszeit empfehlen. So werden Sie erstens leichter einen klaren Kopf bekommen, den Sie für die kommenden Wochen brauchen, da Sie wesentlich weniger abgelenkt werden und zweitens werden Sie feststellen, wie gut Ihnen diese Auszeit tut.

Sollten Sie einer Tätigkeit nachgehen, bei der Sie wenig telefonieren oder am PC arbeiten müssen, werden Sie es leichter haben, die Auszeit einzurichten. Ansonsten sollte dies vielleicht einer der Tage sein, an denen Sie sich frei nehmen, um ein aufschlussreiches Resultat zu erzielen. Informieren Sie die Menschen, die Sie sonst oft kontaktieren, darüber, dass Sie für einen Tag lang nicht erreichbar sein werden. Bedienen Sie keinen Computer und lassen Sie auch die Telefone still. Sehen Sie nicht fern und lassen Sie das Radio ausgeschaltet. Verbringen Sie einfach einen Tag ohne den Einfluss digitaler Medien.

Was für Sie lustig sein könnte: Sie werden feststellen, dass Sie in manchen Momenten gar nicht wissen werden, was Sie als nächstes mit Ihrer Zeit anfangen sollen. Und das ist auch genau das, was dieser Tag bezweckt! Sie sollen ein Bild davon bekommen, wie stark Ihr Alltag durch die Technik und die Medien geprägt ist. Machen Sie sich Notizen über Ihre Beobachtungen und Eindrücke.

Ich kann Ihnen weiterhin versichern, dass Sie sich am Ende des Tages ausgeruht fühlen werden. Ihr Kopf wird klarer sein. Zumindest war dies bei allen Testpersonen dieses Programms der Fall. Ich kann mir sogar gut vorstellen, dass Sie, einmal in diesen Genuss gekommen, zukünftig öfters solche digitalen Auszeiten einrichten werden. Es ist wie ein kleiner Urlaub.

Tag 5: Minimalismus

Geld und materielle Besitztümer spielen eine wichtige Rolle in unserem Leben. Sie gewährleisten nicht nur unser Überleben in unserem modernen Alltagssystem, sondern beteiligen sich auch maßgeblich an der Definition unseres Selbstwerts. Wer viel Geld und materielle Güter besitzt, wird beneidet und bewundert und wer über wenig von all dem verfügt, befindet sich sprichwörtlich am unteren Ende der Nahrungskette.

Der „Minimalismus“ ist ein wachsender Trend, der seit einigen Jahren auch in unseren Breitengraden seine Kreise zieht. Menschen entscheiden sich bewusst dazu, Geld und materiellen Besitz in ihrem Leben zu reduzieren und verfolgen damit verschiedene Ziele.

Zuerst einmal möchten sie ihren Selbstwert nicht dadurch definieren, was sie haben, sondern dadurch, wer sie sind. Somit kommen wir auch wieder zum Thema von Tag 2 zurück. Bei der Entwicklung eines Selbstwertgefühls sollte es nur darum gehen, wie zufrieden man mit sich als Persönlichkeit ist. Materieller Besitz sollte hier keine Rolle spielen.

Weiterhin geht es beim Minimalismus darum, alles Unwichtige aus seinem Leben zu entfernen. Man eliminiert so viele Ablenkungen und äußere Einflüsse wie nur möglich, um herausfinden zu können, was im Leben wirklich wichtig ist. Zu diesem Zweck entfernen Minimalisten zum Beispiel sämtliche Möbel aus ihrer Wohnung und lassen nur das Nötigste zurück: Sitzmöbel, ein Bett, die Küchenzeile, etc.

Eben nur die Dinge, die man zum angenehmen Wohnen braucht.

Vor einigen Jahren habe ich meine ersten eigenen Versuche mit dem Minimalismus gestartet und ausgelotet, inwiefern er für mich geeignet ist. Ich habe schnell festgestellt, dass die Grundidee mir gefällt, aber die radikale Ausübung mir doch zu viel wäre. Letztendlich habe ich mich für einen Mittelweg entschieden. Mein Arbeitsplatz ist zum Beispiel extrem minimalistisch. In meinem Arbeitszimmer steht nur ein Schreibtisch mit Computer, Bildschirm, Maus und Tastatur. So kann ich effizient arbeiten, ohne mich jemals ablenken zu lassen. Weiterhin gebe ich weniger Geld aus. Ich kaufe nur, was ich brauche oder was ich mir gerne gönnen möchte. Es gibt jedoch keine unsinnigen Einkäufe, weil gerade etwas im Sonderangebot ist und man es irgendwann einmal gebrauchen könnte. Mein Kleidungsstil ist elegant, aber simpel. Ich trage, was mir ein Wohlgefühl gibt und bleibe dieser Linie treu. Keine rasanten Stilwechsel, keine zahlreichen Accessoires und keine gewagten Farbkombinationen.

Den Minimalismus machen viel mehr Faktoren aus als bloß die von mir genannten. Aber für den Anfang sollen es auch nur ein paar Schritte auf diesem Gebiet sein, damit Sie kennenlernen, worum es dabei eigentlich geht. Kurz gesagt: Tag 5 soll der Tag des Minimalismus sein.

Zuerst einmal sollten Sie auf Ihre Geldausgaben achten und versuchen, mit so wenig Geld wie möglich auszukommen. Kaufen Sie sich manchmal einen Snack beim Händler an der Ecke, obwohl Sie eigentlich gar keinen Hunger, sondern nur

Appetit haben? Kaufen Sie im Supermarkt ab und zu Dinge, die am Ende doch nicht gegessen werden? Ziehen Sie sich am Automaten einen Kaffee, der Ihnen eigentlich ohnehin nicht schmeckt? Dann lassen Sie das für einen Tag sein und machen Sie sich Notizen darüber, wie oft Sie an einen Punkt geraten, an dem Sie das Ausgeben von Geld verhindern konnten.

Lassen Sie für diesen einen Tag lang Ihren Schmuck zu Hause und lassen Sie auch das Auto stehen. Entscheiden Sie sich stattdessen für das Fahrrad oder öffentliche Verkehrsmittel. Beobachten Sie, welchen Einfluss das auf Sie und Ihren Tag nimmt.

Nehmen Sie sich auch die Zeit zum Aufräumen. Räumen Sie Ihre Wohnung/Ihr Haus/Ihr Zimmer auf und entfernen Sie dauerhaft, was ohnehin Müll oder unerwünscht ist. Für diesen einen Tag könnten Sie sogar ein paar der Möbel in einen anderen Raum verschieben, nur um zu sehen, ob Sie sich auf diese Weise ausgeglichener fühlen.

Vielleicht ist Ihnen das zu viel Aufwand. Vielleicht lesen Sie gerade diese Zeilen und sind nicht überzeugt davon, dass Ihnen das etwas bringen kann. Falls dies der Fall ist, sollte Ihnen folgendes gesagt sein: Dass Sie dieses Buch lesen, hat einen Grund. Mit diesen Worten verfolge ich keine böse Absicht. Es hat einfach einen Grund. Es setzt voraus, dass Sie mit etwas in Ihrem Alltag unzufrieden sind und logischerweise MUSS die Lösung in etwas liegen, das Sie noch nicht kennen oder ausprobiert haben. Das ist der Grund, weshalb Sie sich nicht davor scheuen sollten, etwas Neues auszuprobieren.

Seien Sie einen Tag lang auch nur im Ansatz minimalistisch und beobachten Sie, ob es einen positiven Einfluss auf Sie hat. Die meisten Menschen sind von dieser neuen Erfahrung überrascht und entscheiden sich dauerhaft dafür, weniger Ablenkung in ihr Leben zu lassen und den Stellenwert des Materiellen herabzusenken.

Tag 6: Genuss

Auf Papier mag es immer nach wenig aussehen, aber tatsächlich haben Sie nach den ersten 5 Tagen des Programms eine ganze Menge erlebt und viele neue Eindrücke sammeln können. Dies ist einer der Gründe, warum Sie sich belohnen sollten. Der andere Grund ist, dass Sie in Ihrem Alltag oft viel zu viel „funktionieren“ und als Mensch zu kurz kommen. Das soll sich endlich ändern und deswegen ist Tag 6 der Genuss-Tag!

Auch wenn Sie an diesem Tag berufstätig sein sollten, soll Sie das nicht davon abhalten, es sich gut gehen zu lassen. Nehmen Sie sich so viele Auszeiten, wie Sie nur können. Sei es bei der Arbeit, in der Universität oder auch bei der Erfüllung sonstiger Pflichten. Machen Sie ab und zu eine Pause, atmen Sie tief durch, hören Sie ein wenig Musik oder essen Sie einen leckeren Snack. Wenn Sie danach etwas Freizeit haben, können Sie diese umso mehr genießen.

Nutzen Sie Ihre Freizeit zum Beispiel, um mal richtig gut zu essen. Gehen Sie in ein leckeres Restaurant oder kochen Sie Ihr Lieblingsgericht. Überraschen Sie auch Ihre liebsten Menschen um sich herum. Verbringen Sie den Tag gerne mit ihnen. Heute gibt es kein Kalorienbewusstsein, kein schlechtes Gewissen und auch keinen strengen Blick auf die Uhr. Heute sollen Sie es sich gut gehen lassen. Dazu kann es auch gehören, wie an Tag 2 zu entspannen und sich zu pflegen. Was auch immer Sie glücklich macht!

Machen Sie es sich auf der Couch bequem und sehen Sie sich einen Film an oder gehen Sie raus in die Natur und machen Sie einen Spaziergang. An Tag 6 ist nur eines wichtig: Es soll Ihnen so gut gehen wie schon lange nicht mehr!

In Ihrem Notizbuch sollte am Ende des Tages stehen, dass Sie glücklich sind. Später werden Sie diese Notiz gut gebrauchen können, um sich daran zu erinnern, was es braucht, damit es Ihnen wirklich gut geht.

Tag 7: Produktivität und Wertschöpfung

Der vorangegangene Tag diente der Entspannung und dem Auftanken von etwas Ruhe und Glückseligkeit. An Tag 7 wird es Zeit, wirklich produktiv zu sein und viel zu schaffen. Jetzt fragen Sie sich vielleicht, was Sie denn schaffen sollen. Schließlich arbeiten Sie bereits zur Genüge und haben keine Lust darauf, Überstunden und Extraschichten einzurichten. Keine Sorge! An Tag 7 geht es darum, an für Sie wirklich wichtigen Dingen zu arbeiten.

Bei dem Job, den Sie machen, arbeiten Sie vermutlich viel und auch hart. Wenn Sie bereits eines meiner Bücher gelesen haben, wissen Sie auch, dass ich Arbeit niemals als Zeitverkauf und sinnlose Aufgabe sehe, sondern immer den tieferen Zweck einer Tätigkeit suche. Trotzdem ist unser Job oft nicht das, was uns wirklich erfüllt und glücklich macht.

Wir haben Hobbies und Leidenschaften, denen wir gerne nachgehen würden, aber oft nicht können, weil uns schlicht und einfach die Zeit dazu fehlt. Ein modernes Leben zu leben, kostet schließlich genügend Zeit und so bleibt neben den alltäglichen Pflichten nicht viel für die Leidenschaft übrig. Das soll heute anders sein.

Jeder von uns macht irgendetwas besonders gerne. Sie auch! Vielleicht ist das Fotografieren Ihre Leidenschaft oder vielleicht malen Sie gerne. Vielleicht spielen Sie ein Instrument leidenschaftlich gerne, aber kommen nie dazu, es in die Hand zu nehmen. Es kann auch die Rede von einer Sportart oder vielleicht sogar vom Häkeln sein. Möglicherweise schreiben

Sie gerne oder lesen gerne anspruchsvolle Literatur. Es könnte aber auch das Schrauben an einem Auto sein oder was auch immer Sie besonders gerne machen. Sie sehen, worauf ich hinausmöchte: Es geht um etwas, das Sie gerne selbst ausüben und erschaffen. Wenn es bei Ihnen der Fall ist, dass Ihr Hobby oder Ihre Leidenschaft regelmäßig zu kurz kommt, weil Sie anderen Pflichten nachgehen müssen, dann ist Tag 7 genau das Richtige für Sie.

Ich möchte Sie an Tag 7 dazu ermutigen, so viel wie möglich (!) im Bereich Ihres liebsten Hobbies zu schaffen. Ein durchschnittlicher Arbeitstag in Deutschland ist etwa 8 Stunden lang. Stellen Sie sich einmal vor, wie viel Sie schaffen könnten, wenn Sie so viel Zeit zum Beispiel zum Malen hätten oder einen Ausflug machen würden. Würde Ihnen das nicht gefallen? Selbstverständlich kann man sich nicht regelmäßig so viel Zeit einrichten und deshalb möchte ich mit gutem Beispiel vorangehen und Ihnen ein Beispiel aus meinem Alltag vorstellen:

Ich spiele leidenschaftlich gerne Gitarre. Als berufstätiger Mensch und dazu auch noch Buchautor und Blogger habe ich aber leider selten einen Tag, an dem ich mich der Musik widmen kann. Ich kann selbstverständlich immer wieder zwischendurch für ein paar Minuten die Gitarre zur Hand nehmen und ein paar Melodien spielen. Etwas Neues lässt sich in dieser Zeit jedoch nicht erlernen, da dies länger dauern würde. Deshalb richte ich mir jede Woche einen festen Zeitraum von zwei Stunden ein, in denen ich mich nur damit beschäftige, ein neues Stück auf der Gitarre zu erlernen. Ich versuche, in diesen zwei Stunden möglichst produktiv zu sein, mich nicht ablenken zu lassen und so viel wie möglich zu schaffen. Diese Art der Bildung ist kostbare Bildung. Es ist Bildung, nach der man sich sehnt und deshalb sollte man sie sich niemals verwehren.

An Tag 7 sollen Sie so viel wie möglich schaffen, was Ihre Leidenschaft betrifft und das hat einen guten Grund: Wenn Sie sich notieren, was Sie alles an diesem einen Tag schaffen, dann werden Sie später auch erkennen können, wie viel Sie eigentlich für sich schaffen könnten, wenn Sie sich auch nur 2 Stunden in der Woche nehmen, um wirklich mit einem Ihrer persönlichen und privaten Projekte voranzukommen. Sie werden merken, dass es Ihnen gut tut und Sie werden erkennen, dass es in Zukunft keine Ausrede mehr für Sie geben wird, etwas aufzuschieben. Weiterhin werden Sie sehen, wozu Sie an nur einem einzigen Tag in der Lage sind und stolz auf sich sein. Nehmen Sie sich die Zeit, denn Sie haben sie verdient!

Tag 8: Extremes Zeitmanagement

Tag 8 beinhaltet eine Art Selbstversuch, bei dem Sie herausfinden können, ob strenge Organisation Ihnen gut tut oder nicht. Zu diesem Zweck bietet es sich an, sich nicht langsam an das Thema „Zeitmanagement" heranzuschleichen, sondern direkt in die Vollen zu gehen und zu sehen, ob Sie Resultate erzielen oder nicht.

Ich bin von Beruf Unternehmer, schreibe Bücher und blogge. Das heißt, dass ich seit vielen Jahren im eigenen Auftrag arbeite und keine klaren Arbeitsanweisungen von jemandem erhalte. Das Thema Prokrastination, also die gute alte „Aufschieberitis", ist somit ein alter Bekannter für mich. Wie viele andere Menschen auch habe ich in der Vergangenheit große Unzufriedenheit erlebt, weil ich das Gefühl hatte, nicht genügend Leistung zu bringen und trotz vieler Mühen nicht vorwärts zu kommen. Ich möchte das Thema gar nicht weit ausbreiten, da andere Autoren dies bereits zur Genüge tun. Stattdessen möchte ich für Tag 8 eine praktische Organisationstechnik vorschlagen, die Ihnen in jedem Fall behilflich sein wird. Entweder werden Sie zukünftig mehr Planung und Struktur in Ihren Alltag integrieren oder Sie werden erkennen, dass eine strenge Organisation überhaupt nichts für Sie ist und dass Sie besser vorankommen, wenn Sie sich keinen Stress machen.

Machen Sie sich für Tag 8 einen Tagesplan. Egal, ob Sie an diesem Tag Ihrem Beruf nachgehen oder nicht: Planen Sie den Tag durch. Ich meine wirklich minutiös! Schreiben Sie sich einen Plan, auf dem feste Uhrzeiten stehen und füllen Sie diese Uhrzeiten mit den Aktivitäten, die Sie für den Tag vor sich haben. Wenn Sie merken, dass Sie Lücken offen haben, dann füllen Sie sie mit etwas, das Sie sonst an einem anderen Tag gemacht hätten. An Tag 8 gibt es kein Verschnaufen! Schließlich sollen Sie kennenlernen, wie es ist, einen Tag extrem durchzuorganisieren und so viel wie möglich zu erledigen. Das hat natürlich seine Vor- und Nachteile. Auf der einen Seite haben Sie wenig Ruhe und stressen sich, aber auf der anderen Seite erledigen Sie einige Dinge, die Sie sonst ewig vor sich herschieben und lenken sich auch von Ihrem sonstigen Alltag ab. Falls Sie sich erinnern können, ist dies eine der Absichten dieses Buches: Sie von Ihrem sonstigen Alltag ablenken, damit Sie Abstand gewinnen. Notieren Sie sich, wie Ihnen diese Organisationsmethode gefällt und ob Sie viel schaffen oder sich überfordert fühlen. Wichtig ist, dass Sie auch wirklich alles einhalten, was Sie sich zu Tagesbeginn notiert haben. Es ist ja nur für diesen einen Tag und Sie möchten schließlich einen realen Eindruck bekommen und handfeste Resultate erzielen.

Selbstverständlich soll ein solch extremer Zeitplan niemals Teil Ihres Alltags sein (es sei denn, Sie finden Gefallen daran), aber womöglich werden Sie erkennen, dass eine gute Organisation Ihnen dabei helfen kann, Ihre wirklich notwendigen Pflichten schneller zu erledigen und Sie somit mehr Freizeit erschaffen, in der Sie das tun können, was Sie von Herzen möchten. Geben Sie dem intensiven Zeitmanagement also eine Chance und erleben Sie einen vollkommen durchgeplanten Tag.

Tag 9: Bildung

Mit meinem Blog „Dein Fußabdruck“ erreiche ich jeden Monat tausende Menschen und erhalte entsprechend viele Nachrichten von Lesern. Dabei war auch ein einmal Leser, der mir vorwarf, auf meinem Blog gäbe es zu viel zu lernen. Er sei schließlich nicht mehr in der Schule und habe keine Lust darauf, wieder mit dem Lernen anfangen zu müssen. Dieser Aussage möchte ich nun gegenüberstellen, was mein Herausgeber mir neulich sagte: „Für mich hat die Schule an dem Tag angefangen, an dem ich die Schule verlassen habe.“ Unterschiedlicher könnten die Ansichten der beiden wohl nicht sein und ich muss Ihnen bestimmt nicht sagen, welche ich für sinnvoller halte.

Vorhin in diesem Buch habe ich die Informationsflut kritisiert, die auf uns einprasselt. Sie überfordert uns. Richtig kanalisiert kann sie jedoch einen großen Mehrwert in unseren Alltag bringen und deshalb möchte ich Sie für Tag 9 dazu ermutigen, die Chancen und Möglichkeiten des Informationszeitalters zu nutzen!

Während Millionen von Menschen in anderen Teilen der Welt sich nach wenigstens einem Bisschen Bildung sehnen, steht uns dank des Internets jegliches bisher erlangtes Wissen zur Verfügung. Es sind nur Sekunden, die uns von Antworten zu allen erdenklichen Fragen trennen und trotzdem gibt es viel Allgemeines, das wir überhaupt nicht wissen. Lassen Sie mich die Probe aufs Exempel machen: Wie entstehen Blitze? Warum ist das Gras grün? Wie setzt sich das deutsche Parlament zusammen? Wer erfand das Telefon? Hand aufs Herz: Konnten Sie alle Fragen beantworten? Vermutlich nicht, was auch nicht schlimm ist. Was jedoch ziemlich interessant ist, ist die Tatsache, dass Sie weniger als 3 Minuten brauchen würden, um alle Antworten zu erhalten.

„Wissen ist Macht." Wir alle kennen dieses Sprichwort und es lässt sich nicht bestreiten, dass eine umfangreiche Bildung Ihnen nicht nur einen Vorteil gegenüber Ihren Mitmenschen verschafft, sondern auch Ihren Alltag erleichtert. Zu verstehen, was um Sie herum geschieht, macht das Leben für Sie wesentlich angenehmer und weniger einschüchternd. Zusätzlich bieten Sie als gebildeter Mensch Ihren Mitmenschen einen nennenswerten Mehrwert, da Sie Ihr gesammeltes Wissen bei Bedarf weitergeben können und somit andere bereichern.

Warum sollten Sie also nicht die großartigen Möglichkeiten nutzen, die Ihnen gegeben sind? Es spricht tatsächlich nichts dagegen! Machen Sie Tag 9 zu Ihrem Bildungs-Tag. Es geht nicht darum, dass Sie möglichst viel an einem Tag lernen, sondern darum, dass Sie erkennen, dass Sie innerhalb weniger Momente Fragen beantworten können, die Sie sich vielleicht schon seit Jahren stellen. Mit dieser simplen Erkenntnis im Gepäck werden Sie künftig weniger Fragen offen stehen haben und Ihren Alltag leichter bewältigen können. Beantworten Sie sich mithilfe des Internets alle Fragen, die Ihnen spontan einfallen und nehmen Sie sich ruhig etwas Zeit dafür. Sie haben den ganzen Tag Zeit. Woher ich weiß, dass Sie einen Internetanschluss haben? Nun ja, Sie lesen schließlich diese Zeilen und dieses Buch ist nur online erwerblich. Es gibt also keine Ausreden.

Auch Ihr Verhältnis zu Ihren Mitmenschen wird sich durch eine bessere Bildung positiv entwickeln. Gebildete Menschen erhalten viel Anerkennung und Bewunderung, was Ihrem Selbstwertgefühl und auch Ihrem Selbstbewusstsein nachhaltig gut tun wird. Bilden Sie sich also nicht nur an Tag 9 weiter, sondern ziehen Sie in Betracht, mehr Bildung zu einem festen Bestandteil Ihres Alltags zu machen. Es wird Ihnen gut tun!

Tag 10: Sozial sein

Vermutlich tun Sie sich selten etwas Gutes. Zumindest gehe ich davon aus, da Sie unzufrieden mit Ihrem Alltag sind. Also wenn Sie selbst schon in Ihrem Alltag zu kurz kommen, wie oft tun Sie dann anderen etwas Gutes? Keine Sorge, dies soll kein Appell an Ihr Gewissen sein. Schließlich ist es jedem selbst überlassen, wie „sozial" er/sie ist. Ich möchte Sie jedoch zumindest darauf hinweisen, dass Sie sich selbst etwas Gutes tun, indem Sie anderen etwas Gutes tun. Das werden Sie spätestens dann am eigenen Leib spüren, wenn Sie Tag 10 erlebt haben!

Tag 10 steht ganz im Zeichen der Nächstenliebe. Das tut er nicht (nur), damit Sie gutes Karma sammeln oder sich einen Heiligenschein verdienen, sondern in erster Linie, damit Sie spüren, welche positiven Effekte ein besonders soziales Verhalten auf Sie haben kann. Wenn Sie spüren, wozu Sie allein in der Lage sind und wie sehr Sie in Wirklichkeit von Ihren Mitmenschen gebraucht werden, werden Sie ein vollkommen neues Selbstvertrauen entwickeln. Mehr soziale Aktivitäten in Ihren Alltag einzubauen, wird Ihre Selbstzufriedenheit und Ihr Selbstvertrauen nachhaltig und langfristig stärken und Ihnen stetig mehr Lebensqualität bescheren.

Vielleicht fragen Sie sich gerade, wo Sie anfangen sollen. Dazu möchte ich Ihnen folgendes sagen: Es gibt unzählig viele Möglichkeiten, seinen Mitmenschen etwas Gutes zu tun. Im Folgenden werde ich Ihnen ein paar sehr simple und teilweise auch klischeehafte Vorschläge machen, die Sie alle an nur einem Tag erledigen können und auch sollten. Notieren Sie sich, was Sie tun und welches Gefühl das bei Ihnen hinterlässt.

Sie haben die Möglichkeit, von zu Hause aus Geld an Bedürftige zu spenden. Von dieser Möglichkeit sollten Sie Gebrauch machen, denn Ihre Hilfe wird überall auf der Welt dringend benötigt. Es muss keine riesige Spende sein, aber geben Sie ruhig 10 Euro in vertrauenswürdige Hände. Man gibt ständig an irgendeiner Stelle Geld für etwas aus, das man gar nicht braucht oder möchte, dann kann man auch einen kleinen Betrag den Menschen zukommen lassen, die Hilfe brauchen. Viele Spendenorganisationen stehen unter Verdacht, Spenden zu unterschlagen, aber das sollte keine Ausrede sein, nicht zu helfen.

Weiterhin haben Sie die Möglichkeit, Kleider- und andere Sachspenden an das örtliche Rote Kreuz zu überreichen. Die Mitarbeiter dort nehmen jede Hilfe dankbar entgegen und sorgen dafür, dass Ihre Spende sinnvoll verwendet wird.

Von Geld- und Sachspenden abgesehen haben Sie auch die Möglichkeit, eine soziale Einrichtung zu besuchen und dort auszuhelfen. Es mag wie das abgedroschenste Klischee wirken, das mir einfallen konnte, aber die klassische Suppenküche freut sich über jede helfende Hand. In einer solchen Einrichtung bekommen Sie einen realen Einblick in das Leben weniger privilegierter Menschen, die nicht etwa in fernen Teilen der Welt leben, sondern in Ihrer unmittelbaren

Umgebung. Sie werden eine völlig neue Wertschätzung für das entwickeln, was für Sie alltäglich ist.

Neben diesen gezielten und teilweise „extremen“ Arten von Hilfe können Sie auch in ganz alltäglichen Situationen sozial sein. Haben Sie ein offenes Ohr für Ihre Mitmenschen, schenken Sie ihnen ein Lächeln. Spendieren Sie einem Obdachlosen ein wenig Geld oder eine warme Mahlzeit. Seien Sie anderen gegenüber zuvorkommend und höflich. Leisten Sie Ihren Beitrag dazu, dass diese Welt ein besserer Ort wird, indem Sie sie zu einem besseren Ort machen. Teilen Sie Ihr Wissen und motivieren Sie andere. Es gibt zahlreiche Menschen, die nicht einmal im Ansatz so sozial sind, aber das sollte kein Grund für Sie sein, gleichzuziehen. Sozial zu sein, tut besonders Ihnen gut. Machen Sie den Versuch und halten Sie in Ihren Notizen fest, was Ihnen besonders gut gefällt und was in Ihren Augen wenig gebracht hat. Sie werden Ihre Ergebnisse später gut gebrauchen können.

Tag 11: Dankbarkeit und Wertschätzung

Unser modernes und hoch entwickeltes alltägliches Leben bringt nicht nur Vorteile mit sich, diesen Standpunkt habe ich bis hierhin deutlich gemacht. Ich möchte die Gelegenheit nutzen, auf einen weiteren Nachteil hinzuweisen, der dazu führt, dass wir langfristig unzufrieden sind: Für uns ist alles selbstverständlich.

Wenn Sie ein Notizbuch führen, sollten Sie es zur Hand nehmen, denn Sie werden an Tag 11 besonders viel zu schreiben haben. Ich möchte Sie dazu auffordern, sich alles zu notieren, was eigentlich sehr besonders und luxuriös ist, im normalen Alltag jedoch keine merkliche Beachtung oder Wertschätzung von Ihnen erhält, weil es selbstverständlich für Sie ist. Im Folgenden werde ich Ihnen einige Anregungen geben, die deutlich machen, wovon die Rede ist.

Deutschland hat eines der besten medizinischen Versorgungssysteme der Welt. Medikamente sind zu günstigen Preisen frei in Apotheken erhältlich und für eine medizinische Behandlung zahlen wir „nur" einen Beitrag an die Krankenkasse, der sogar sehr fair ist, wenn man in Betracht zieht, was eine ärztliche Behandlung, Krankenhausaufenthalte oder spezielle Medikamente kosten. Dennoch finden wir häufig genügend Gründe, um uns zu beschweren: Die Krankenkassenbeiträge seien zu hoch, die Wartezeiten bei Ärzten zu lang und in der Apotheke gäbe es tatsächlich eine Zuzahlung von 5 Euro auf ein Medikament. Diese modernen und alltäglichen Beschwerden unserer Gesellschaft möchte ich gerne einmal den Beschwerden gegenüberstellen, die Millionen von Menschen überall auf der Welt äußern: Es gibt keine Krankenversicherung. Es gibt kaum Medikamente und die, die vorhanden sind, sind alt und beinahe unbrauchbar. Die hygienischen Standards sind unterdurchschnittlich. Es gibt zu wenige Ärzte und eine Behandlung kann man sich nicht leisten. Um Krankenhäuser herum versammeln sich schwer kranke Menschenmengen und man kann dankbar sein, wenn man überhaupt behandelt wird, bevor man auf der Straße stirbt.

Ich bin niemand, der das Klischee bedient, von den „Kindern in Afrika" zu sprechen, aber so sieht die Wahrheit nun einmal aus. Könnten Sie sich angesichts dieser Tatsachen wirklich noch über unser Gesundheitssystem beschweren?

Es gibt unzählig viele weitere Dinge, die uns das Leben besonders leicht und angenehm gestalten, die wir aber einfach nicht wertschätzen, weil sie eben „normal" sind. Haben Sie sich zum Beispiel schon einmal Gedanken darüber gemacht, dass Sie beim Duschen nur an zwei verschiedenfarbigen Wasserhähnen drehen müssen, um die Wassertemperatur zu regeln und sich in Ruhe zu waschen? Überhaupt sauberes Wasser zu haben, ist schon eine Besonderheit. Wir haben so viel davon, dass wir es verschwenden können. Wir beziehen es via Knopfdruck aus Leitungen und müssen uns keine Gedanken darüber machen, wie es heiß wird. Wir bezahlen einfach dafür und jemand kümmert sich.

Unser Essen kaufen wir in Supermärkten und dort ist die Auswahl so unvorstellbar groß, dass wir oft nicht wissen, was wir eigentlich kaufen sollen. Es gibt so viele Lebensmittel, dass in Deutschland täglich Tonnen davon entsorgt werden, weil sie niemand gekauft hat. Das geschieht, während in anderen Teilen der Welt Menschen ohne Hoffnung auf Nahrung verhungern. Das passiert sogar auch hier bei uns, in Ihrer unmittelbaren Nähe.

Wir bereiten unsere Speisen in unseren modernen Küchen zu und betreiben unsere Wohnungen mit elektrischem Strom, der aus Leitungen fließt. Ein Stromausfall in Deutschland ist ein Skandal, während es andernorts üblich ist, tagelang ohne jegliche Elektrizität auszukommen.

Warum sage ich Ihnen das alles? Ich möchte nicht erreichen, dass Sie ein schlechtes Gewissen bekommen und ich möchte Sie auch nicht von oben herab belehren. Ich möchte, dass Sie sich besser fühlen, indem Sie erkennen, wie gut es Ihnen eigentlich im Alltag geht. Selbst, wenn Sie in Deutschland unterdurchschnittlich viel Geld einnehmen, sind Sie immer noch gut versorgt! Hier gibt es ein Sozialsystem, das zwar stark in der Kritik steht, aber Sie trotzdem auffängt.

Machen Sie sich an Tag 11 jedes Mal eine Notiz, wenn Ihnen auffällt, dass etwas besonders und hilfreich ist und Sie es sonst als gegeben hinnehmen. Auf diese Weise werden Sie erkennen, wie gut Sie sich versorgen und versorgt werden. Ihre persönliche Entwicklung, Zufriedenheit und Geisteshaltung sind natürlich eine ganz andere Geschichte. Jeder darf unzufrieden sein, auch wenn er in einem hoch entwickelten Staat lebt. Eine neue Wertschätzung zu lernen, wird für Ihr Wohlbefinden jedoch sehr förderlich sein!

Jeder, der Tag 11 getestet hat, war positiv überrascht und hat sich fest vorgenommen, zukünftig nicht mehr alles als selbstverständlich hinzunehmen und mehr Wertschätzung und Dankbarkeit an den Tag zu legen.

Tag 12: Humor

Tag 12 wird leicht werden und Spaß machen. Ihre Aufgabe ist nicht besonders kompliziert. Es sei denn, Sie sind ein ewiger Pessimist. Dann haben Sie ein Stück Arbeit vor sich!

Die meisten von uns nehmen das Leben viel zu ernst. Gerade, wenn wir mit unserem Alltag und unser Situation im Allgemeinen unzufrieden sind, haben wir nicht besonders viel zu lachen und verstehen noch weniger Spaß. An einem schlechten Tag reicht es oft, dass jemand eine zynische oder ironische Bemerkung macht und schon ärgern wir uns den ganzen Tag darüber. Was daran besonders interessant ist: Die Person, die eine solche Äußerung macht, vergisst sie bereits nach nur wenigen Momenten. Der Geleimte ist man am Ende also immer selbst.

Wer die Welt mit Humor nimmt, hat im Alltag riesige Vorteile: Man lacht offensichtlich öfter, gerät in weniger Streitsituationen, erlangt eine neue Locker- und Offenheit und hat seltener Wut oder Enttäuschung im Bauch. Warum sollten Sie sich also nicht ein Beispiel daran nehmen?

Keine Sorge, an Tag 12 sollen Sie nicht künstlich lachend durch die Gegend laufen. Für Tag 12 gibt es eher eine Beobachtungsaufgabe. Schnappen Sie sich Ihr Notizbuch und starten Sie den Tag. Wann immer Sie in eine Situation geraten, in der Sie sonst mit Unmut, Enttäuschung, Ärgernis oder Pessimismus reagieren würden, machen Sie sich eine Notiz und überlegen sich eine Möglichkeit, wie Sie die Situation mit etwas Humor lösen können. Lernen Sie auch, über sich selbst zu lachen, wenn Ihnen etwas misslingt, anstatt sich zu kritisieren.

Sie werden nicht von heute auf morgen lernen, ein humorvollerer Mensch zu sein und das sollen Sie auch nicht. Es ist die Übung, die den Meister macht und durch diese eintägige Beobachtung mit dem Fokus auf Konfliktlösung durch Humor werden Sie erkennen, wie oft Sie die Gelegenheit haben, Spannungen in Ihrem Alltag mit einem Lächeln zu lösen. Dieser Ansatz wird Ihnen dabei helfen, langfristig zufriedener zu sein und ich bin mir sicher, dass er die Neugestaltung Ihres Alltags beeinflussen wird.

Tag 13: Böse Wünsche

Die 21 Tage dieses Programms geben Ihnen die Möglichkeit, mindestens 21 Bereiche Ihres Alltags zu verbessern. Eine Verbesserung setzt eine Untersuchung und Bearbeitung voraus und deshalb bestehen manche Tage „nur" daraus, Beobachtungen zu machen und diese schriftlich festzuhalten. Nach mittlerweile etwas mehr als der Hälfte des Programms werden Sie schon einige Tage anders verbracht haben, als Sie es üblicherweise tun würden. Der Abstand tut Ihnen gut, da er es Ihnen ermöglicht, einen objektiveren Blick auf Ihren früheren Alltag zu werfen. Nehmen Sie die Beobachtung Ihres Alltagsverhaltens ernst und Sie werden handfeste Resultate erzielen. Versprochen!

Wie viele meiner Leser wissen, bin ich ein Freund der Lehren des Psychologen Dr. Joseph Murphy. Manche sagen ihm nach, er sei zu positiv und zu religiös gewesen, doch was man ihm nicht nehmen kann ist, dass er zu den Ersten gehörte, die die Macht des Unterbewusstseins populär machten. Dr. Murphy lehrte, dass jeder unserer Gedanken ein Wunsch an unser Unterbewusstsein ist. Das Unterbewusstsein ist stets darum bemüht, die vorherrschenden Gedanken unseres Bewusstseins in unserem Leben zu manifestieren. Das heißt einfach ausgedrückt: Wer negativ denkt, der bringt Schlechtes in sein Leben. Mittlerweile ist diese Theorie mehr als ein esoterischer Ansatz für mehr Optimismus und wissenschaftlich anerkannt. Folglich sollten wir uns davor hüten, permanent negativ zu denken, da wir uns und unser Leben sonst durchgehend herunterziehen.

Wie oft am Tag haben Sie negative Gedanken? Diese Frage gilt es an Tag 13 zu beantworten! Rüsten Sie sich mit Ihrem Notizbuch aus und legen Sie eine Strichliste an. Heute werden Sie keine geschriebenen Wörter brauchen, sondern müssen nur Striche machen. Zeichnen Sie einen kleinen Strich, wann immer Sie einen negativen Gedanken haben oder mitbekommen, dass jemand eine negative Äußerung macht. Beispiele hierfür sind:

- Wenn Sie sich über etwas oder jemanden ärgern
- Wenn Sie das Gefühl haben, etwas nicht richtig gemacht zu haben
- Wenn Ihnen etwas nicht gefällt, egal ob optisch, geschmacklich oder von einer Tatsache her
- Wenn Sie schlecht über jemanden reden oder jemand anderes schlecht reden hören
- Wenn Sie keine Lust haben, Ihren Aufgaben nachzugehen
- Wenn Sie sich vor etwas fürchten
- Wenn Sie jemanden beneiden
- Wenn Sie jemandem etwas Schlechtes wünschen

Sie sehen, worauf ich hinausmöchte. Aus guter Erfahrung kann ich sagen, dass Ihre Strichliste vermutlich lang sein wird, wenn Sie dieses Experiment zum ersten Mal durchführen. Lassen Sie sich davon jedoch nicht entmutigen! Sehen Sie es als Weckruf. Denn mit schlechten Gedanken schaden Sie letztendlich niemandem außer sich selbst.

Wenn Sie in Ihrem Alltag zufriedener sein wollen, wird kein Weg daran vorbeiführen, die schlechten Gedanken und somit Wünsche an Ihr Unterbewusstsein erheblich zu reduzieren. Ganz eliminieren lassen sie sich leider nicht, denn schließlich ist niemand perfekt.

Je nachdem, wie intensiv Sie sich mit Ihrem Alltag, diesem Buch und neuen Gewohnheiten auseinandersetzen, wird sich entsprechend viel in Ihrem Leben verändern. Bewahren Sie Ihre Strichliste gut auf und legen Sie ein paar Wochen nach diesem Versuch eine neue an. So viel kann ich jetzt schon von hier aus sagen: Sie werden überrascht sein!

Tag 14: Ohren, Arme und das Herz öffnen

Auch, wenn Sie der Regisseur Ihres Alltags sind, hat Ihre Umwelt einen großen Einfluss auf Sie. Deshalb ist es Ihre Aufgabe, Ihre Umwelt möglichst positiv zu gestalten, damit Sie durchweg aufbauende, motivierende und stärkende Eindrücke sammeln. Zu dieser „Gestaltung" gehört vor allem, ein gutes Verhältnis zu seinen Mitmenschen zu entwickeln. Es ist eine Tatsache, die vielen Leuten nicht gefällt, aber wir Menschen brauchen harmonische soziale Bindungen, um vollkommen aufzublühen. Einsamkeit macht niemanden glücklich und genauso wenig tun es ständige Konflikte mit anderen Menschen.

Um das Verhältnis zu Ihren Mitmenschen zu verbessern, stehen Sie in der Pflicht, auch etwas von sich zu geben, denn selbstverständlich ist Freundschaft ein Geben und Nehmen. Und darum geht es an Tag 14: Den ersten Schritt machen und geben!

Tag 10 war ebenfalls ein sehr sozialer Tag, hatte aber einen eher helfenden Charakter und betraf vor allem die Menschen, die Sie nicht persönlich kennen. An Tag 14 geht es darum, den Menschen, die Sie bereits kennen, auf eine andere Art und Weise zu „helfen". Das Motto dieses Tages ist: „Ohren, Arme und das Herz öffnen".

An Tag 14 werden Sie vermutlich viel sprechen und auch viel zuhören, also starten Sie selbstbewusst und stark in den Tag. Gehen Sie auf die Menschen zu, mit denen Sie im Alltag im Kontakt stehen und versuchen Sie, sie in Gespräche zu verwickeln, die über Smalltalk hinausgehen. Diese Personen aus Ihrem Alltag können zum Beispiel Arbeitskollegen, Kommilitonen, Familienangehörige, Freunde oder entfernte Bekannte sein, die Sie zum Beispiel beim Einkaufen sehen oder bei der täglichen Fahrt im Bus, etc. Nutzen Sie den Tag, um diesen Personen ein offenes Ohr zu schenken und motivieren Sie sie. Sprechen Sie ihnen gut zu, unterstützen Sie sie und machen Sie produktive Vorschläge, wenn jemand negativ eingestellt ist.

Ich möchte, dass Sie im Laufe des Tages und dieser Gespräche auf zwei Dinge achten:

- Was beschäftigt oder bedrückt andere Menschen? Lassen sich Sorgen und Probleme verschiedener Menschen zusammenfassen?
- Wie reagieren Ihre Mitmenschen auf Ihr offenes Ohr und Ihren Zuspruch? Wie fühlen Sie sich dabei, wenn Sie jemandem Rückhalt geben?

Wir Menschen sind zwar alle unterschiedlich, aber im Grunde genommen sitzen wir alle im selben Boot. Wir haben die gleichen Instinkte, Sorgen und Wünsche. Der Unterschied ist, dass jeder von uns anders damit umgeht. Seien Sie Ihren Mitmenschen der Freund, den Sie selbst gerne hätten und Sie werden all das zurückbekommen, was Sie geben.

Es gibt noch eine Sache, die besonders interessant ist: Wenn man einen Menschen sonst nur sehr oberflächlich kennt, zum Beispiel von der Arbeit her und sonst jeden Tag nur ein paar Förmlichkeiten oder einen Gruß austauscht, dann kann ein ernsthaftes und produktives Gespräch faszinierende Entwicklungen auslösen. Ich möchte, dass Sie dieses Phänomen selbst beobachten, nachdem Sie sich jemandem von Ihrer freundlichen Seite gezeigt haben, der Sie sonst nur flüchtig kennt. Sie werden in den nächsten Tagen und Wochen spüren, wie die Anerkennung und Wertschätzung wächst, die Sie von dieser Person erhalten. Dies tut nicht nur Ihrem Selbstbewusstsein besonders gut, sondern bedeutet auch, dass Sie jemandem etwas wirklich nachhaltig Gutes getan haben!

Es ist egal, was es ist: Gutes zu geben, bedeutet immer, sich selbst Gutes zu tun und etwas zurückzubekommen. Verlieren Sie das bei der Neugestaltung Ihres Alltags nicht aus den Augen.

Tag 15: Das Glück verdoppeln

Tag 15 ist der letzte Tag des 21-tägigen Programms, an dem es darum geht, etwas zu geben und Gutes zu tun. Ein Grund mehr also, die Spendierhosen anzuziehen und es sich und anderen noch einmal richtig gut gehen zu lassen.

Eines meiner liebsten und wahrsten Zitate stammt von dem deutsch-französischen Philosophen Albert Schweitzer. Es lautet:

„Glück ist das einzige, das sich verdoppelt, wenn man es teilt."

Diese Aussage würde ich jeden Tag unterschreiben und jeder, der sich mehr Zufriedenheit und Lebensqualität wünscht, sollte das zu seinem Mantra machen! Verbringen Sie Tag 15 also mit einer Person, die Sie mögen und ernten Sie so viel doppeltes Glück wie möglich.

Im Prinzip ist es dasselbe Konzept wie an Tag 6, nur dass Sie diesmal nicht alleine dabei sind. Wenn Sie das 21-tägige Programm ernst nehmen und entsprechend betreiben, haben Sie die Auszeiten zwischendurch dringend nötig. Wer in seinem Alltag strikten Routinen folgt, tut sich oft schwer damit, neue Wege zu gehen und sein Verhalten nicht nur zu überdenken, sondern auch von Grund auf zu überarbeiten und zu überschreiben. Zusätzlich finde ich, dass Sie sich für Ihre Fortschritte belohnen sollten. Selbst wenn Sie das Programm nicht komplett zu 100% durchziehen, erzielen Sie durch geringfügige Veränderungen bereits Erfolge. Sie können stolz auf sich sein.

Gehen Sie irgendwo etwas essen oder kochen Sie gemeinsam, was Sie gerne mögen. Sehen Sie sich einen Film im Kino oder auf der Couch an. Besuchen Sie einen Rummelplatz, gehen Sie Kart fahren oder machen Sie einen netten Ausflug ins Grüne. Wir leben im 21. Jahrhundert, das heißt, dass Sie nicht die Ausrede finden werden, es gäbe nichts zu tun.

Erholen Sie sich gut und tanken Sie viel Freude. Die kommenden zwei Tage haben es in sich.

Tag 16: Ehrlichkeit in der Praxis

An Tag 1 habe ich Sie dazu aufgefordert, ehrlich zu sich zu sein und herauszufinden, wo Ihre Schwächen liegen und wo Sie Einschränkungen durch Ihre Ängste oder Unsicherheiten erfahren. Ich hoffe, dass Sie mithilfe der Methoden der vergangenen 15 Tage hilfreiche Erkenntnisse erlangen konnten und mittlerweile einen viel klareren Blick dafür haben, was sich in Ihrem Alltag verändern soll, damit Sie dauerhaft zufriedener, glücklicher und selbstbewusster sind.

An Tag 16 empfehle ich Ihnen, mit der Ehrlichkeit noch einen Schritt weiter zu gehen und sich nicht nur Gedanken über Konflikte in Ihrem Leben zu machen, sondern sie auch anzupacken und zu lösen. Ich werde Ihnen drei Konflikte nennen, die beinahe jeder von uns in sich trägt. Ihre Aufgabe wird es sein, den jeweiligen Konflikt in Ihrem Leben zu erkennen und sich mit ihm zu beschäftigen. Möglichst noch am selben Tag! Sie werden Lösungsvorschläge erhalten und sollten es sich wert sein, diese anzunehmen und sich zumindest von einem Teil Ihres emotionalen Ballasts zu befreien.

Konflikt 1: Unausgesprochenes

Gibt es einen Menschen in Ihrem Leben, mit dem Sie nicht mehr in Kontakt stehen, weil Sie im Streit auseinandergegangen sind? Im Prinzip haben wir alle schon einmal diese Erfahrung gemacht und das, was am häufigsten zwischen zwei Menschen steht, sind nicht Geschehnisse der Vergangenheit, sondern falscher Stolz. Ich habe schon Menschen erlebt, die sich jahrelang nicht in die Augen gesehen haben, weil es angeblich um kleine Lappalien ging, so wie zum Beispiel: „Ich stand vor seiner Haustüre und er hat mir nicht geöffnet. Da habe ich beschlossen, dass ich ihn auch nie wieder vor meine Augen treten lasse“, oder: „Er/sie hat mich angelogen und das kann ich einfach nicht hinnehmen. Deswegen habe ich ihn/sie in die Wüste geschickt.“

Das, was eigentlich geschehen ist, ist schnell vergessen und vergeben. Wer das erkennt, schämt sich umso mehr dafür, eine Freundschaft für eine Kleinigkeit weggeworfen zu haben. Was zwei Menschen also trennt, ist meist das schlechte Gewissen darüber, einander fallen gelassen zu haben und der eigentliche „Vorfall“ ist nur ein Aufhänger, um sich das nicht eingestehen zu müssen. Es mag sein, dass es in dem Fall, an den Sie gerade denken um unschönere und weitreichendere Dinge geht. Fest steht aber auf jeden Fall, dass Sie nicht damit abgeschlossen haben, solange Sie daran denken. Heute ist Ihre Chance, sich ein Herz zu fassen und einen Schritt auf eine Person zuzumachen, die sich damit vermutlich genauso schwer tut wie Sie. Auf diese Weise entlasten Sie gleich zwei Menschen, denn am anderen Ende des Konflikts steht immer jemand, der mindestens genauso betroffen ist wie Sie. Was es an Tag 16 braucht, ist keine Versöhnung und auch kein Begraben aller Unstimmigkeiten. Ein Schritt in die richtige Richtung reicht, um Sie und jemanden, den Sie gerne haben, von schwerer Ballast zu befreien.

Konflikt 2: Die Vergangenheit

Obwohl die Vergangenheit hinter uns liegt, hat sie oft auch heute noch starken Einfluss auf uns. Viele Menschen sind nicht in der Lage, glücklich im Hier und Jetzt zu leben, weil das Unglück der Vergangenheit sie immer noch permanent herunterzieht und nicht loslässt. Auch ich kann Ihnen ein Lied davon singen, wie es ist, die Schrecken der Vergangenheit nicht abschütteln zu können und lange Zeit darunter zu leiden. Das alles änderte sich schlagartig, als ich eine simple Tatsache wirklich begriff. Vorab sei gesagt, dass es einen großen Unterschied dazwischen gibt, etwas zu hören und gut zu finden und es wirklich zu verstehen. Wie bereits mehrfach von mir erwähnt, ist eine wahre Erkenntnis der erste und wichtigste Schritt, um ein Problem langfristig zu lösen.

Was Sie begreifen müssen ist, dass es nicht die Vergangenheit ist, die Sie loslassen muss. Sie sind es, der die Vergangenheit nicht loslässt! Wir tragen das, was geschehen ist, nur so lange mit uns herum, wie wir bereit sind, es durch den Alltag mitzuschleppen. Tatsächlich aber liegt das Geschehene hinter uns. Es ist ein logisches Gesetz, dass die Zeit weiterläuft und alles andere hinter sich lässt. Also handeln wir gegen eines der natürlichsten Gesetze, wenn wir künstlich mitziehen, was eigentlich gar nicht mitgezogen werden kann. Nicht mit der Vergangenheit abzuschließen, ist Selbstgeißelung.

Es gibt zahlreiche Methoden, Tipps und Tricks, die dabei helfen sollen und auch tatsächlich helfen, mit dem umzugehen, was hinter Ihnen liegt. Am Ende finde ich persönlich aber, dass Wahrheit und Logik am hilfreichsten sind: Was hinter uns liegt, bleibt dort liegen. Es verfolgt uns nicht, sondern wird von uns getragen. Widmen Sie sich zumindest einer schlechten Erinnerung, die Sie nicht loslassen können und rufen Sie sich vor Augen, dass es nicht die Erinnerung ist, die Sie verfolgt.

Sie werden vermutlich nicht an einem einzigen Tag damit abschließen können, aber auch hier gilt wieder: Die Erkenntnis und der erste Schritt sind entscheidend. Wenn Sie Ihren Alltag neu und besser strukturieren wollen, um ausschließlich glücklich und befreit zu leben, müssen Sie sich von jeder Last trennen, die Sie aktuell noch mit sich schleppen. Notieren Sie sich an Tag 16, welche Last Sie für immer loslassen möchten, damit Sie später Ihre Fortschritte überprüfen können. Vergessen Sie niemals, dass die Zeit alle Wunden heilt.

Konflikt 3: Sie selbst als Ihr größter Kritiker

Dass Sie sich mit der Optimierung Ihres Alltags beschäftigen, heißt, dass es mindestens einen Bereich in Ihrem Leben gibt, mit dem Sie nicht zufrieden sind. Es verrät mir allerdings noch etwas viel Wichtigeres über Sie: Es verrät mir, dass Sie ein Mensch sind, der sich wichtige Gedanken macht und sich die richtigen Fragen stellt. Dieser Umstand versichert mir weiterhin, dass Sie erfolgreich sein werden, in dem, was Sie sich vorgenommen haben. Dafür brauche ich keine hellseherischen Fähigkeiten, sondern nur das Bewusstsein über ein ganz natürliches Gesetz: Wer sich ernsthaft um eine Sache bemüht, wird erfolgreich sein. So einfach ist das.

Leider sehen das nicht viele Menschen so. Die meisten von uns machen sich ständig Vorwürfe, weil sie sich in ihrem alltäglichen Leben Mühe geben, aber sich immer noch unzufrieden fühlen. Diese Unzufriedenheit macht sie noch unzufriedener, was logischerweise ein Teufelskreis ist. Sollten auch Sie Ihr größter Kritiker sein, möchte ich Sie nun darum bitten, damit aufzuhören. Es hat bisher nichts gebracht und wird auch weiterhin zu nichts führen. Sie sind besser damit bedient, Ihre Energie in produktive Lösungsansätze zu investieren und endlich wieder Freundschaft mit sich zu schließen.

Alles im Leben hat einen Grund und so hat es auch seinen Grund, dass Sie in der Situation sind, in der Sie sich aktuell unzufrieden fühlen. Auch wenn Sie es noch nicht glauben können: Es ist zu Ihrem Besten und macht Sinn! Ihre Unzufriedenheit hat Sie dazu gebracht, die Selbstkritik zu reduzieren und neue Lösungsansätze zu suchen. Deshalb lesen Sie gerade dieses Buch und vermutlich auch andere. Neben den vielen Vorschlägen, die ich Ihnen mit auf den Weg gebe, sollten Sie sich den folgenden besonders zu Herzen nehmen: Als Ihr bester Freund werden Sie glücklich und erfolgreich sein. Als Ihr größter Kritiker werden Sie sich ins Unglück stürzen. Nehmen Sie diesen Rat ruhig von einem Mann an, der aus seiner eigenen und aus der Erfahrung zahlreicher Leser spricht.

Es gibt im Leben unzählige Kritiker um Sie herum. Das sollte Ihnen aber nicht nahe gehen. Es gibt nämlich nur einen unter ihnen, der Sie am Boden zerstören kann und das sind Sie selbst. Es gibt keine wichtigere Meinung über Sie als Ihre eigene. Ihr Selbstbild kann Sie über den Rest der Welt erhaben oder zum Schlusslicht der Gesellschaft machen. Das suchen alleine Sie sich aus.

Seien Sie sich selbst Ihr bester Freund und Unterstützer und stecken Sie andere mit dieser Geisteshaltung an. So werden Sie die Kraft finden, Ihr Leben zum Besten zu machen, das Sie sich vorstellen können. Schreiben Sie in Ihr Notizbuch: „(Datum des Tages): Von heute an bin ich kein Kritiker mehr." Sehen Sie sich diesen Eintrag regelmäßig an und vergessen Sie ihn nicht.

Tag 17: Mut beweisen

Wenn Sie sich aufrichtig mit Tag 16 beschäftigt haben, haben Sie einen intensiven Tag hinter sich. Es ist nicht immer einfach, seine Dämonen zu bekämpfen, aber immer hilfreich und sinnvoll. Wer mit einer hohen Lebensqualität leben möchte, muss das Negative in seinem Leben eliminieren und dem Guten Einlass gewähren. Vom Prinzip her ist das sehr simpel, in der Ausführung jedoch oft sehr schwierig. „Schwierig" heißt aber niemals „unmöglich" und „Schwierig" ist niemals ein Grund dafür, etwas nicht zu tun!

An Tag 17 geht es erneut Ihren Dämonen an den Kragen. Diesmal aber auf eine andere Weise. Wie bereits angesprochen, ging es schon an Tag 1 darum, Ängste und Unsicherheiten zu erkennen. Nach mittlerweile mindestens 16 Tagen sollten Sie also ein paar Dinge gefunden haben, die Sie in Ihrem Alltag behindern. Heute ist der Tag, an dem Sie mindestens einer dieser Sachen ein Ende setzen.

Zweck dieser Übung ist es nicht, über Grenzen hinauszugehen, jede Angst zu überwinden und den Tag als Superheld abzuschließen. Nein, es geht darum, einen ersten wichtigen Schritt zu machen, um Ihre Abenteuerlust und Ihren Hunger auf mehr zu wecken, damit Sie in Zukunft Stück für Stück Ihre Ängste und Unsicherheiten besiegen. Dies ist ein enorm wichtiger Schritt auf Ihrem Weg zum Wunschalltag und rundum zufriedenen Leben.

Sie brauchen sich nicht mit Ihrer größten Angst zu konfrontieren. Stellen Sie sich das Bewältigen von Ängsten wie ein

Krafttraining vor: Untrainiert werden Sie nur mit Mühe ein kleines Gewicht heben können, aber Sie werden es schaffen. Wenn Sie dann am Ball bleiben, werden Sie später auch die größten Gewichte stemmen können. So verhält es auch sich auch damit, Unsicherheiten und Ängste aus Ihrem Alltag auszumerzen. Ich möchte, dass Sie mutig sind und sich mindestens einer der Herausforderungen stellen, die ich Ihnen im Folgenden vorschlagen werde.

Gibt es jemanden, der oft auf Ihnen herumhackt oder es schamlos ausnutzt, dass Sie einfach nicht „nein" sagen können? Nun, dann werden Sie von nun an die Möglichkeit haben, das nicht mehr auf sich sitzen zu lassen. Stürmen Sie bitte nicht grundlos auf jemanden zu, um ihm/ihr die Meinung zu geigen, sondern warten Sie auf Ihre Gelegenheit, höflich und direkt zu äußern, dass Sie einen eigenen Willen haben und nicht schlecht mit sich umgehen lassen. Ein solch simpler Schritt kann und wird Ihr Selbstbewusstsein beflügeln! Kleiner Tipp: Konkrete Tipps würden an dieser Stelle den Rahmen sprengen. Sollten Sie sich jedoch dafür interessieren, finden Sie konkrete Vorschläge und Methoden in meinem Buch „Endlich selbstbewusst!" und auf meinem Blog www.dein-fussabdruck.de

Sind Sie vielleicht ein schlechter Schwimmer und fürchten sich davor, in ein Schwimmbecken zu springen? Dann sollten Sie diesem Umstand den Kampf ansagen und ein Schwimmbad aufsuchen. Vielleicht gibt es auch ein bestimmtes Tier, vor dem Sie sich fürchten. Das wäre dann die perfekte Gelegenheit, den nächsten Tierpark oder Zoo aufzusuchen und sich dieses Tier aus der Nähe anzusehen. Wenn Sie sich vor Fahrstühlen fürchten, dann machen Sie mit jemandem zusammen eine kurze Fahrt darin, auch wenn diese nur ein Stockwerk weit ist.

Suchen Sie nach den „kleinen Übeln“, die sich immer wieder einschleichen und kleine Hürden in Ihrem Alltag aufstellen. Je weniger Hindernisse es in Ihrem Alltag gibt, desto höher ist Ihre Lebensqualität. Verlieren Sie das nicht aus den Augen! Kleine Ängste und Unsicherheiten zu besiegen, wird Ihnen die Kraft geben, größere Schritte zu gehen.

Notieren Sie sich, welchen „kleinen“ Ängsten Sie den Kampf ansagen möchten und starten Sie an Tag 17. Denken Sie immer an die Trainings-Metapher: Mit jeder überwundenen Hürde werden Sie stärker.

Tag 18: Musik

So herrlich unscheinbar und dennoch effektiv: Die Musik. Wussten Sie eigentlich, dass man bis zum späten 19. Jahrhundert ins Theater ging, um Musik hören zu können? Das wäre heute unvorstellbar. Während das Musizieren damals angesehenen und privilegierten Menschen vorbehalten war, haben wir heutzutage alle die gleichen Chancen und Möglichkeiten, ein Instrument oder professionellen Gesang zu erlernen. Über Stil und Geschmack lässt sich dabei natürlich streiten. Zusätzlich ist es uns dank der modernen Technologie möglich, überall und jederzeit genau die Musik zu hören, die wir gerade hören möchten. Nachdem der Fortschritt der Technik in diesem Buch so stark kritisiert wurde, soll er auch mal an dieser Stelle gelobt sein.

Die Musik hat einen viel stärkeren Einfluss auf uns, als die meisten von uns glauben würden. Sie kann uns motivieren, beruhigen, aufheitern, trösten, zum Lachen bringen, uns müde machen, Erinnerungen wecken oder erschaffen, einen Bewegungsdrang in uns auslösen und noch vieles mehr. Lassen Sie mich das also zusammenfassen: Musik kann einen positiven Einfluss auf uns haben und steht uns jederzeit grenzenlos zur Verfügung. Denken Sie auch, was ich denke? Richtig. Dadurch entstehen Möglichkeiten, die Sie nicht ungenutzt lassen sollten!

Rüsten Sie sich für Tag 18 mit Musik aus. Dafür haben Sie zahlreiche Möglichkeiten. Sie können Ihr Smartphone, einen MP3-Player oder eine CD verwenden. Wenn Sie gerade zu

Hause sind, können Sie auch Ihren Computer als Wiedergabegerät nutzen. Oder eine Stereoanlage. Sie können auch ein Radio einschalten und sich überraschen lassen, was das Programm gerade hergibt.

Notieren Sie sich, wie die verschiedenen Musikrichtungen auf Sie wirken und wie Sie sich dabei fühlen. Jeder hat dabei eine andere Wahrnehmung, aber niemand kann sich der Wirkung der Musik entziehen.

Wenn Sie etwas Übung darin haben, Ihre Stimmung mit Ihrer Lieblingsmusik abzustimmen, werden Sie sich später gezielt motivieren, beruhigen, erheitern oder auch abreagieren können. Sobald Sie erst einmal herausgefunden haben, was am effektivsten wirkt, können Sie Ihren Alltag musikalisch untermalen und somit verschönern.

Tag 19: Keine Zeit zum Denken

Auch, wenn dieses Buch einen eher praktischen Nutzen und Charakter hat, sind Sie dennoch beim 21-Tage-Programm ständig damit beschäftigt, sich weitreichende Gedanken zu machen, sich in Frage zu stellen, Probleme zu analysieren und Lösungen zu etablieren. Deshalb sollten Sie mit Blick auf das Ende des Programms den Kopf einmal möglichst abschalten und etwas Abstand zu all dem gewinnen, worüber Sie sich in den letzten Wochen intensiv Gedanken gemacht haben.

Leider ist es nur mit sehr viel Mühe und Training möglich, seine Gedanken abzuschalten und auf Anhieb wird Ihnen das wohl auch nicht gelingen. Deshalb verwenden wir eine andere bewährte Methode, die gewährleistet, dass Sie auf andere Gedanken kommen: Ablenkung!

Das Prinzip des Ganzen ist sehr einfach: Sobald wir zur Ruhe kommen, fangen wir an, alles Erlebte zu reflektieren und uns Gedanken zu machen. Wenn wir einer Tätigkeit nachgehen, die wir routiniert durchführen und die uns nicht viel Konzentration abverlangt, fangen wir erneut mit dem Nachdenken an. Um das zu verhindern, sollten Sie möglichst aktiv sein und sich ablenken. Auf diese Weise können Sie auch schon vor der Analyse Ihrer Ergebnisse eine kleine Vorschau davon bekommen, ob sich in Ihrem Alltag und an Ihren Gewohnheiten in den letzten Wochen etwas verändert hat.

Konzentrieren Sie sich also auf Ihre Arbeit und unternehmen Sie anschließend etwas, wobei Sie auf andere Gedanken kommen. Verbringen Sie den Tag am besten weitestgehend außerhalb von zu Hause und wenn Sie schließlich nach Hause kommen, lassen Sie sich doch ruhig vom Fernsehprogramm oder einem Film berieseln. Lesen Sie ein gutes Buch und schalten Sie ab. Sie haben es sich verdient.

Verstehen Sie mich bitte nicht falsch: Dass Ihre einzige Aufgabe für Tag 19 das Abschalten Ihrer Gedanken ist, ist kein Resultat meiner Einfallslosigkeit. Es ist einfach eine Tatsache, dass etwas gedanklicher Abstand nötig ist, um das Erfahrene besser bewerten zu können. Schließlich können wir auch nicht ohne Pause arbeiten. Wir sind immer mal wieder in der Pflicht, unserem Verstand eine Pause zu gönnen. Genießen Sie sie.

Tag 20: Fokus

Das 21-Tage-Programm kommt langsam zu einem Ende und ich möchte Ihnen noch etwas vorstellen, womit Sie sich und Ihren Alltag langfristig bereichern können. Die Rede ist von einer Konzentrationsübung bis hin zur Meditation.

Legen Sie das Buch nun nicht beiseite, denn ich schwinge nicht die Esoterik-Keule. Auch ich habe die Meditation lange Jahre für „Schabernack" gehalten, bis ich begriffen habe, dass der Begriff „Meditation" dehnbar ist, für jeden etwas anderes bedeuten kann und überaus nützlich ist. Geben Sie diesem Abschnitt also eine Chance.

Ich bin ein viel beschäftigter Mensch und neige dazu, ständig zu viel zu denken. Im Berufsalltag hat das verheerende Folgen für mich gehabt. Durch meinen Kopf rasten permanent Gedanken wie Schnellzüge und es schien dort drinnen immer laut zu sein. Nachts konnte ich nicht schlafen und mein Verstand spie gleichzeitig so viele Ideen und Geistesblitze aus, dass ich mich auf nichts mehr wirklich konzentrieren konnte. Diese Erfahrung geht nicht spurlos an einem vorbei und so war ich gezwungen, an allen Stellen in meinem Alltag kürzer zu treten, um die Gedankenfluten in den Griff zu bekommen und endlich einmal wieder zu schlafen. Während dieser sehr turbulenten Zeit hatten mir viele Freunde empfohlen, es mal mit Meditation zu versuchen, aber ich sträubte mich dagegen. Ich assoziierte Meditation mit Gruppen von Menschen, die im Schneidersitz sitzen und „ooommm" stöhnen. Als ich jedoch bemerkte, dass auch eine Auszeit mir nicht half, überredete ich mich selbst dazu, einen Meditationskurs zu besuchen. Lange Rede, kurzer Sinn: Kein peinliches Kollektiv, kein „ooommm", sondern eine Erkenntnis, die mein Leben von diesem Tag an bereicherte.

Intensive Konzentrationsübungen bündeln unsere Gedanken und bringen Ruhe in unseren Körper und Verstand, was langfristig auch unsere Gesundheit fördert. Viel wichtiger ist aber, dass wir abschalten und uns entweder auf eine Situation einstimmen können oder aber mit ihr abschließen. Und das nicht nur für einen kurzen Moment, sondern langfristig. Ich persönlich konnte meine Schlafprobleme, die monatelang angedauert hatten, innerhalb von nur einer Woche beseitigen, ohne jemals das getan zu haben, was man eine „Meditation" nennen würde. Ich mache Konzentrations- und Entspannungsübungen. Im Folgenden möchte ich Ihnen eine Anleitung für eine 3- bis 5-minütige Übung geben, die Sie mehrmals über den Tag verteilt anwenden können und auch zumindest einmal ausprobieren sollten.

Zuerst einmal sollten Sie gemütlich sitzen. Um eine gute Konzentration gewährleisten zu können, haben Sie drei Möglichkeiten: Schließen Sie die Augen, zünden Sie eine Kerze an und beobachten Sie die Flamme oder starren Sie auf einen festen, unbeweglichen Punkt. Wichtig ist nun, dass Sie sich darauf konzentrieren, nicht zu denken. Ja, das klingt widersprüchlich, aber wenn Sie sich fest auf den Wortlaut: „ich denke an nichts" konzentrieren, eliminieren Sie andere Gedanken rundherum. Was noch viel wichtiger ist, ist Ihre Atmung. Ihre Atmung entscheidet darüber, wie effektiv die ganze Übung ist. Keine Sorge, es geht hier um keine komplizierte Atemtechnik, sondern nur darum, lange und tief ein- und auszuatmen. Tatsächlich ist unsere Atmung die einzige Möglichkeit, direkt auf unser Unterbewusstsein einzuwirken! Heftige und kurze Atemstöße können uns in Alarmbereitschaft und Panik versetzen, während lange und tiefe Atemzüge uns beruhigen. Das Ganze passiert ohne das Zutun jeglicher Gedanken!

Probieren Sie die Konzentrationsübung für nur 3 Minuten aus. Atmen Sie tief ein und aus, während Sie sich darauf konzentrieren, nicht zu denken und nicht abzuschweifen. Diese Übung kostet nicht viel Zeit, kann Ihnen aber viel Zeit sparen, in der Sie sonst zum Beispiel gestresst, verärgert, traurig oder abgelenkt wären. Passende Zeitpunkte für diese Übung sind:

- Nach dem Aufstehen
- Während einer Pause, die Sie bei der Arbeit machen
- Nach der Arbeit zu Hause
- Vor dem Schlafengehen

Versuchen Sie, Tag 20 so entspannt wie möglich zu gestalten und Ihre Gedanken zu fokussieren. Auch wenn Sie es sich jetzt nicht vorstellen können, werden Sie mit Sicherheit öfters auf diese Übung zurückkommen, so wie alle anderen auch, die sich zum ersten Mal auf sie einlassen.

Tag 21: Zusammenfassung

Mit Tag 21 findet das 21-Tage-Programm schließlich ein Ende. Bei ernsthafter und sorgfältiger Beschäftigung mit allen Aspekten haben Sie einiges erlebt und zahlreiche Eindrücke gesammelt, die erst einmal verarbeitet und bewertet werden müssen. Dies werden wir im kommenden Kapitel in aller Ruhe und ausführlich tun.

Die Aufgabe für Tag 21 ist keine Aufgabe, die einen ganzen Tag in Anspruch nimmt, aber sie ist eine aufwändige Aufgabe. Wenn Sie das Programm mit ernsthaftem Aufwand betrieben haben, wird es sich nun rächen, wenn Sie kein Notizbuch geführt haben, denn Sie werden Ihrem Gedächtnis ordentlich einheizen müssen.

Ich möchte, dass Sie alle bisherigen 20 Tage Revue passieren lassen und Augenmerk darauf legen, was Sie sich notiert haben oder was Sie sich zu diesem Zeitpunkt gedacht haben. Können Sie bereits jetzt Veränderungen feststellen? Mindestens drei Wochen Abstand von seinem üblichen Alltag zu nehmen und ihn zu überarbeiten, ist eine ganze Menge! In dieser Zeit kann sich viel getan haben.

Im nächsten Kapitel wird es darum gehen, Ihre Erfahrungen zu bewerten und eine Strategie zu entwickeln, wie es künftig weitergehen wird, damit Sie Ihren Alltag neu und produktiver gestalten können. Sie werden Ihre gesammelten Eindrücke also noch einmal brauchen, um damit arbeiten zu können. Legen Sie das Buch auch ruhig für einen Tag beiseite, bevor Sie weitermachen.

Bevor es in das letzte Kapitel geht, möchte ich noch einmal betonen, wie stolz Sie auf sich sein können. Selbst, wenn Sie das Buch „nur" gelesen haben, haben Sie sich intensiv mit Ihrem Alltag und produktiven Lösungsansätzen beschäftigt. Damit sind Sie all jenen Menschen weit voraus, die sich ständig nur beschweren, ohne jemals auf den Gedanken zu kommen, die Verantwortung für ihr Leben selbst in die Hand zu nehmen. Sie sind auf dem richtigen Weg und deshalb werden Sie auch erfolgreich sein!

Auswertung und Strategie

Herzlichen Glückwunsch. Sie haben sich durch das 21-Tage-Programm durchgearbeitet und haben nun die Möglichkeit, mit zahlreichen neuen Erfahrungen und Anregungen im Gepäck einen neuen Alltag zu gestalten.

Lassen Sie uns zuerst noch einmal gemeinsam einen Blick darauf werfen, was Sie eigentlich innerhalb dieses Programms gemacht haben. Das Prinzip dieser 21 Tage, bzw. Schritte ist es, nicht nur zu denken, sondern auch den produktiven Gedanken entsprechend zu handeln, um neue Gewohnheiten in Ihrem Alltag zu etablieren. Zu diesem Zweck habe ich Ihnen 21 Methoden, bzw. Aufgaben vorgeschlagen, die Sie idealerweise auf 21 Tage verteilen konnten. Diese 21 Tage bewirken positive Veränderungen in folgenden Bereichen:

- Selbstbewusstsein, Selbstvertrauen und Selbstakzeptanz
- Soziale Kompetenz
- Objektive Analyse der eigenen Probleme
- Konfliktbereitschaft
- Wertschätzung und Wertschöpfung
- Weltoffenheit
- Genügsamkeit
- Produktivität, Effizienz und Organisation
- Bildung
- Emotionale Grundhaltung, bzw. „Lebenseinstellung“

Wie Sie sehen, werden viele facettenreiche Bereiche abgedeckt und somit besteht auch das Potenzial, mit dem vorgestellten Gedankengut grundlegende Veränderung an Ihrer Persönlichkeit und Ihrem Alltag vorzunehmen.

Wichtig: Inwieweit Veränderungen stattfinden und auf welche Weise Sie ihnen Einzug in Ihr Leben gewähren, entscheiden alleine Sie. Ich bin lediglich dazu hier, um Sie zu inspirieren und Ihnen vorzustellen, was sich für mich persönlich und zahlreiche andere Menschen bewährt hat. Die folgende Beschreibung zur Entwicklung einer Strategie kann für Sie ein Leitfaden sein, muss aber selbstverständlich nicht von Ihnen ausgeübt werden. Das ist das Schöne an uns Menschen: Wir sind alle verschieden und haben unsere eigene freie Meinung.

Die folgende Strategie zur Bewertung des Erlebten ist eine leicht modifizierte Version einer erfolgreichen Methode, die sich bereits in den Büchern „Endlich selbstbewusst!“ und „25 Erfolgsprinzipien, die Sie ganz nach vorne bringen werden“ bewährt hat.

Nicht jeder Inhalt des 21-Tage-Programms wird für Sie neu gewesen sein, deshalb können auch nicht alle Methoden gleichwertig sein. Ihre Aufgabe ist es nun, die verschiedenen Tage und Mottos verschiedenen Kategorien zuzuweisen. Diese sind:

- Das war ein toller Tag und er hat mir wirklich gut getan.
- Das ist bereits Bestandteil meines Alltags.
- Diese Erfahrung war neu und intensiv. Darüber muss ich mir noch Gedanken machen.

Durch diese Kategorisierung können Sie leichter erkennen, worauf Sie künftig Ihr Augenmerk legen sollten und welche Ihrer Gewohnheiten bereits hilfreich und sinnvoll ist. Beachtend, dass Sie sich schwer auf über 20 Bereiche gleichzeitig konzentrieren können, macht diese Einteilung besonders viel Sinn. Lassen Sie uns nun herausfinden, wie Sie mit den jeweiligen Kategorien arbeiten können.

<u>Kategorie 1:</u>

Der erlebte Tag und seine Inhalte haben Ihnen also gut gefallen und Ihnen gut getan. Ich könnte mir gut vorstellen, dass dazu die Tage gehören, an denen Sie sich etwas gegönnt und abgeschaltet haben und auch Tag 2 wird mit Sicherheit hier seinen Platz finden, da er Sie vitalisiert hat. Meiner bisherigen Erfahrung nach landet auch die digitale Auszeit oft in dieser Kategorie. Es tut einfach gut, den Kopf freizubekommen und sich weder von der Technik, noch von den Medien in Beschlag nehmen zu lassen.

Ich möchte Ihnen vorschlagen, den Punkten der Kategorie 1 die höchste Priorität zuzuschreiben. Schließlich haben Ihnen die gesammelten Erfahrungen gut getan und genau das ist es, worum es hier im Prinzip geht: Es soll Ihnen gut gehen. Ein möglicher und gut vorstellbarer Grund für Ihre ursprüngliche Unzufriedenheit über Ihren Alltag ist, dass Sie ständig zu kurz gekommen sind und sich selten etwas gegönnt haben. Das soll sich natürlich ändern!

Seien Sie rückblickend ehrlich: Haben diese besonderen Tage, in dessen Zentrum Sie standen, Sie viel Geld gekostet? Oder viel Mühe? Oder exorbitant viel Zeit? Nein, vermutlich nicht. In einer Welt, in der wir ständig funktionieren und uns an anderen orientieren, verlieren wir uns einfach selbst aus den Augen. Lassen Sie das nicht erneut zu. Mit den Tagen aus der Kategorie 1 wissen Sie nun ganz genau, was Sie weiterbringt und Sie können versuchen, Elemente des Erlebten mehr und mehr in Ihren Alltag zu integrieren. Ja, Sie sind vermutlich berufstätig und ja, vielleicht gibt es auch Menschen, die Sie versorgen müssen. Aber keine Zeit für sich und bessere Gewohnheiten zu haben, ist eine Ausrede. An Tag 8 werden Sie wahrscheinlich festgestellt haben, dass es nicht einfach ist, jede Lücke des Tages mit einer Aktivität zu füllen. Das ist der handfeste Beweis dafür, dass wir zu viel Zeit ungenutzt lassen und uns oft von Belanglosigkeiten aufhalten lassen. In Wahrheit gibt es immer Zeiträume, die wir nicht ausfüllen!

Wenn Sie sich zuvor keine Notizen gemacht haben, dann legen Sie sie spätestens jetzt an. Werfen Sie regelmäßig einen Blick darauf, damit Sie nicht vergessen, dass es möglich ist, gute Tage zu haben, an denen Sie bessere und produktivere Gewohnheiten etablieren. Streichen Sie alte Gewohnheiten aus Ihrem Alltag, die Sie daran hindern, das zu tun, was Ihnen besonders gut gefällt und ersetzen Sie diese offenen Lücken mit den Inhalten aus Kategorie 1.

Kategorie 2:

Zur Kategorie 2 gehören Methoden und Aktivitäten, die schon Bestandteil Ihres Alltags sind. Das ist ein gutes Zeichen, denn schließlich sind alle von mir vorgestellten Inhalte dazu ausgelegt, Ihnen einen Mehrwert zu bieten. Erfahrungsgemäß gehören zu dieser Kategorie oft die Eigenschaften, das Leben mit Humor zu nehmen und herzlich und großzügig mit seinen Mitmenschen umzugehen.

Dass es Überschneidungen zwischen Ihrem Alltag und manchen vorgestellten Inhalten gibt, ist gut! Fühlen Sie sich dadurch bestätigt und bleiben Sie am Ball. Das Gute in seinem Leben aufrechtzuerhalten und dem Negativen keinen Einlass zu gewähren, ist eine Kunst, die geübt sein will. Behalten Sie also bei, was bisher gut funktioniert.

Den Inhalten in der Kategorie 2 können Sie weniger Aufmerksamkeit als den anderen Kategorien schenken. Zwar sind die Inhalte hier mindestens genauso wichtig, aber Sie kennen und leben sie ja bereits. Es ist wichtig, sich auch neuen Eindrücken zu öffnen und sich nicht nur an dem festzuklammern, was sich bisher bewährt hat. Sehen Sie es von der guten Seite: Wären die 21 Schritte eine Aufgabenliste, könnten Sie manche der Punkte bereits abhaken!

Kategorie 3:

Sie haben also neue Erfahrungen gemacht und diese teilweise als sehr intensiv empfunden. Das ist ein sehr gutes Zeichen, denn es ist nur logisch, dass Neues auch Gutes mit sich bringt.

Wäre das nicht so, würden Sie dieses Buch gar nicht erst lesen. Im 21-Tage-Programm gibt es einige Inhalte, die das Potenzial haben, in dieser Kategorie zu landen. Zum Beispiel sind die meisten Menschen zwar ehrlich und kritisch mit sich selbst, aber scheuen sich doch davor, ihren „Problemen“, Ängsten und Unsicherheiten ins Auge zu sehen und diese beim Namen zu nennen. Weiterhin umgehen die meisten von uns die Hürden, die ihre Ängste aufstellen und schränken sich somit in ihrem Alltag ein. Es kann also durchaus eine Herausforderung sein, sich diesen Widrigkeiten zu stellen, aber sie zahlt sich auf jeden Fall aus. Weiterhin haben Sie vielleicht eine gesunde Wertschätzung für Ihr Leben, aber haben noch nie wirklich in Betracht gezogen, wie gut wir eigentlich versorgt sind, selbst wenn wir für deutsche Verhältnisse unterdurchschnittlich leben. Ich könnte mir auch gut vorstellen, dass es neu für Sie war, das Internet als Bildungsquelle zu verwenden, um spontan ein paar Fragen zu beantworten, die Ihnen ab und zu durch den Kopf schwirrten. Auch die Ansätze des Minimalismus und die Konzentrationsübung bedeuten für viele Menschen Neuland, welches aber sehr gerne betreten wird.

Neue Eindrücke müssen immer erst verarbeitet werden und deshalb sollten Sie sich auch die Zeit dazu nehmen und alles ein wenig wirken lassen. Die Inhalte aus Kategorie 1 werden sich schnell in ihren Alltag einfügen, da sie Ihnen gefallen. Folglich werden Sie mehr Zeit haben, sich mit den Inhalten aus Kategorie 3 zu beschäftigen. Beachten Sie bitte, dass das 21-Tage-Programm an sich eine einmalige Aufstellung, also ein einmaliges „Experiment“ ist, aber die Inhalte das nicht sein sollten!

Mit jedem Tag hat eine neue Methode oder Eigenschaft begonnen, die Sie auch weiterhin verfolgen sollten, wenn Sie einen Nutzen in ihr spüren. Zum Beispiel sollten Sie weiterhin den Ansatz verfolgen, Ihre Unsicherheiten und Ängste zu besiegen und sich dabei mit und mit zu steigern, sodass Ihr Selbstvertrauen und Ihre Lebensqualität weiterhin ein starkes Wachstum erleben. Je weniger Ängste Sie haben, desto mehr Möglichkeiten stehen Ihnen zur Verfügung, Ihren Alltag zu gestalten.

Vielleicht sind Sie nicht von jedem Vorschlag auf Anhieb begeistert, aber Sie sollten zumindest jedem eine Chance geben und einen Versuch wagen. Wie bereits einige Male erwähnt, muss der Schlüssel zu Ihrer Zufriedenheit in etwas liegen, das Sie noch nicht ausprobiert haben. Vergessen Sie niemals, dass eine hohe Schwierigkeit niemals ein Hinderungsgrund ist. Wenn ein Schritt Ihnen leicht vorkommt, ist er nicht groß genug!

Mit den Kategorien arbeiten:

Nachdem Sie die in diesem Buch vorgestellten Inhalte jeweils 3 verschiedenen Kategorien zugewiesen haben, kristallisieren sich auch 3 Aufgaben für Sie heraus, denen Sie zukünftig nachkommen sollten, um Ihren Alltag zu verbessern:

- Das, was Ihnen gut tut, dauerhaft in Ihren Alltag etablieren.

- Bewährte Methoden und Strategien fortsetzen und aufrechterhalten.
- Neue Wege gehen und diese zu Ihrem Vorteil auslegen.

Bei ernsthafter Ausübung dieser Strategie werden Sie eine ganze Weile lang beschäftigt sein. Es ist jedoch nicht so, dass Sie fortwährend unter größten Mühen arbeiten. Sie können es sich viel mehr so vorstellen, dass Sie mit jedem neuen Tag zufriedener und selbstbewusster sein werden. Es ist, als sei Ihr vorheriger Alltag ein altes Haus, das Sie komplett umbauen und nach Ihren Wünschen gestalten. Es nimmt jeden Tag mehr Form an und auch Ihr Stolz auf sich wird wachsen.

Arbeiten Sie weiterhin mit den Notizen, die Sie ich im Laufe des Programms gemacht haben. Behalten Sie im Blick, wie sich Ihr Selbstbewusstsein entwickelt und wie die Gewohnheiten in Ihrem Alltag sich verändern. Achten Sie auch darauf, wie Ihre Mitmenschen auf Sie reagieren. Beim Beherzigen der sozialen Ratschläge werden Sie eine signifikante Verbesserung Ihrer zwischenmenschlichen Beziehungen bemerken!

Wenn Sie das Buch bis hierhin gelesen und aufmerksam verfolgt haben, bedeutet es, dass Sie es ernst meinen und nachhaltig etwas verändern wollen. Deswegen bin ich vollkommen davon überzeugt, dass Sie erfolgreich sein werden. Die Verantwortung selbst in die Hand zu nehmen, ist das, was Sie von den Menschen unterscheidet, die ihr Leben einfach hinnehmen und irgendwie zu Ende bringen. Das

Leben ist schön. Für jeden von uns. Manchmal braucht es einfach nur ein wenig Feinjustierung und einen Wechsel der Perspektive.

Bevor ich mich von Ihnen verabschiede, habe ich im kommenden Abschnitt noch ein kleines Geschenk für Sie. Wenn Sie diesen Satz lesen, haben Sie mir bis hierhin Ihre Aufmerksamkeit und Ihr Vertrauen geschenkt. Dafür bedanke ich mich sehr. Ich möchte und werde mich dafür erkenntlich zeigen.

Ein Geschenk für Sie

Ganz recht, Sie haben richtig gelesen: Ich möchte Ihnen etwas schenken. Es ist ein von mir geschriebenes E-Book namens „Die 7 Säulen des persönlichen Erfolges.“ Ganz umsonst. Bevor ich das jedoch tue, möchte ich Ihnen noch kurz erzählen, wie ich dazu gekommen bin.

Ursprünglich wollte ich mit meinen Büchern nur meinen Beratungs-Radius ein wenig erweitern und mehr Menschen zu Selbstbewusstsein, Glück, Zufriedenheit und Erfolg verhelfen. Ich hatte nicht damit gerechnet, dass sich so viele Menschen dafür interessieren würden und plötzlich erhielt ich zahlreiche E-Mails, in denen die Leser nach mehr fragten. Sie wollten mehr über die ganze Thematik des Glücklich- und Erfolgreichseins lesen und sie wollten über neue Inhalte und Bücher rechtzeitig informiert werden. Ich genieße den Kontakt zu meinen Lesern, aber als ich merkte, dass ich zu viele Anfragen erhielt, um sie manuell bearbeiten zu können, musste ich mir etwas einfallen lassen.

Ich rief den Blog „Dein Fußabdruck“ ins Leben, der sich mit all den Dingen beschäftigt, die das Leben schön und lebenswert machen und unsere Lebensqualität steigern. Es ist ein Ort, an dem ich mich mit Ihnen und den anderen Lesern rund um die Thematik austauschen kann und wo ich mich auch auf Anfrage der Leser zu gewissen Themen äußere. Alle Inhalte sind vollkommen kostenlos zugänglich und ich erhalte viel positives Feedback, was mich ungemein motiviert.

Ich finde, dass es an der Zeit ist, meinen Lesern etwas zurückzugeben. Ein Dankeschön für das entgegengebrachte Vertrauen und den vielen positiven Zuspruch. Deshalb schenke ich Ihnen das E-Book „Die 7 Säulen des persönlichen Erfolges.“ Ich schenke Ihnen sogar mehr als das: Ich werde Sie zusätzlich jedes Mal informieren, wenn ein neues Buch oder Hörbuch von mir erscheint. Noch dazu werde ich Sie über alle neuen und kostenlosen Inhalte auf „Dein Fußabdruck“ auf dem Laufenden halten.

Besuchen Sie hierfür einfach die folgende Website: www.dein-fussabdruck.de

Tragen Sie Ihre E-Mail-Adresse auf der Startseite in die vorgesehene Zeile ein und Sie erhalten:

- Das kostenlose E-Book „Die 7 Säulen des persönlichen Erfolges“.
- Infos zu allen neuen Inhalten auf „Dein Fußabdruck“.
- Eine Benachrichtigung, wenn ich ein neues Buch veröffentliche.

Sie verpflichten sich zu nichts und das Angebot ist vollkommen kostenlos. Ich möchte Ihnen lediglich eine Freude machen und mich für die großartige Lesertreue bedanken.

Tragen Sie Ihre E-Mail Adresse also einfach auf www.dein-fussabdruck.de ein.

Bevor das Buch zu Ende ist, sehen wir uns noch im Abschlusskapitel „Abschließende Worte“.

Abschließende Worte

Mit diesem Buch habe ich Ihnen ein Programm vorgestellt, das Ihnen dabei helfen soll, Ihren alten Alltag zu durchbrechen und einen neuen nach Ihren Wunschvorstellungen zu formen, der trotzdem mit Ihren Aufgaben und Verpflichtungen kompatibel ist. Nachdem zahlreiche Testpersonen von dem Konzept begeistert waren, hoffe ich, dass auch Sie einen größtmöglichen Nutzen aus diesem Buch ziehen konnten.

Wenn Ihnen dieses Buch gefallen und weitergeholfen hat, würde ich mich sehr über Ihr Feedback freuen, das Sie mir mithilfe einer Bewertung auf Amazon hinterlassen können. Weiterhin können Sie mir natürlich auch gerne eine Mail an leister-michael@web.de schreiben. Auf diese Weise helfen Sie mir, meine Inhalte qualitativ zu verbessern, den Ansprüchen der Leserschaft anzupassen und somit mehr Menschen dauerhaft zu inspirieren.

Wie Sie bereits gemerkt haben, ist der Preis für dieses Buch trotz des umfangreichen Inhalts sehr gering angesetzt. Das hat den Grund, dass ich nicht aus Profitgier schreibe, sondern möglichst viele Menschen erreichen und zum eigenverantwortlichen Leben ermutigen möchte. Sie können dabei behilflich sein, indem Sie das Gelernte an andere weitergeben oder meine Arbeit weiterempfehlen. Gemeinsam machen wir die Welt zu einem besseren Ort.

Ich hoffe, Sie bald auch auf meinem Blog „Dein Fußabdruck“ begrüßen zu dürfen. Wie im vorigen Kapitel angesprochen, können Sie sich dort jederzeit Ihr kostenloses E-Book abholen und durch die kostenlosen Inhalte stöbern.

Für Ihre Zukunft wünsche ich Ihnen alles Gute und vor allem, dass Sie schon bald Ihren Alltag durchbrechen, um endlich so zu leben, wie Sie es schon immer wollten.

Alles Gute!

Ihr Michael Leister

Mehr von Michael Leister

Auf Amazon.de erhältlich.

Auch als Hörbuch auf Audible.de!

Auf Amazon.de erhältlich.

Auch als Hörbuch auf Audible.de!

Garantiert
un
glücklich
Womit wir unserem Glück
ständig im Weg stehen und
wie Sie endlich damit aufhören
Michael Leister
ATA MEDIEN

Printed in Poland
by Amazon Fulfillment
Poland Sp. z o.o., Wrocław

83306347R00068